KB179129

하고 싶으면 하는 거지 ✳ 비혼

하는 거지 ✳ 하고 싶으면 비혼

———

김애순 × 이진송

머리말

✦

'경로'를 이탈하였습니까?
이진송

스무 살 이후 서울에서 내내 함께 생활했던 언니가 얼마 전 결혼했다. 나는 진심으로 축하하는 동시에 안도했다. 그렇다. 안도했다. 이제 언니에게는 남편이 있다. 행복한 두 사람을 보며 엉뚱하게도 나는 내가 신촌 한복판에서 취객에게 얻어맞았던 날을 떠올렸다. 은근슬쩍 선처를 밀어붙이는 형사와 경찰서의 창백한 불빛, 취객의 아버지가 나에게 애걸복걸하는 모습을 보면서 내 머릿속에는 오직 한 가지 생각뿐이었다. 깊은 새벽, 경찰서 주차장에서 초조하게 기다리는 언니 옆에 누가 있으면 좋겠다. 가급적이면 든든한 남자, 그러니까 '남편'이.

당혹스러웠다. 그리고 부끄러웠다. 그때 나는 이미 결혼하지 않기로 결심했고, 〈계간홀로: 연애하지 않을 자유〉라는 독립출판물을 발행하고 있었다. 〈계간홀로〉는 우리 사회의 연애와 결혼 담론을 비판적인 시선으로 바라보는 잡지다. 그런데, 그런 내가 '남편의 보호'를 언니에게 씌우려 했다.

다정함은 이기적이고 부조리하다. 결혼하지 않겠다는 나의 선택을 비웃고 부정하는 편견이나 잔소리는 두렵지 않다. 그쯤은 결혼 안 한다고 말했더니 대뜸 "에이~ 그런 애들이 제일 먼저 간다~"라고 놀려대던 어른들의 이름을 빨간색으로 쓰던 시절부터 익숙하다. 그러나 어느 새벽 덜컥 느꼈던 그 감정은 마음을 아프게 한다. 언니를 사랑해서, 나의 가치관과 모순된다는 사실을 알면서도 언니의 결혼을 바라고 언니가 결혼하자 안도했다. 마찬가지로 나를 사랑하는 이들도 내가 아무리 행복하다고 외쳐도 나를 사랑하기에 해결책으로서의 결혼을 권할 것이다. 나를 염려하다가도 내 삶의 어떤 부분을 멋대로 결핍이라고 부르는 실수를 범할 것이다.

나는 '경로를 이탈한 여자'다. 중학교 때부터 배웠고 사회적으로 마땅히 따라야 한다고 여겨지는 '생애 주기별 과업'을 '정상 경로'로 설정한다면 그렇다. 성년기에는 직업을 선택하고 배우자를 골라서 결혼한 후 부모가 되어야 한단다. 아직 성인이 되지 못한 내가 경로를 이탈할 때마다 어디선가 익숙한 목소리가 튀어나왔다. "경로를 이탈하였습니다." 그것은 타인의 참견, '이기적인 요즘 것'들을 꾸짖는 미디어, 죄책감을 자극하는 사랑하는 이의 눈빛 등 다양한 형태로 나타났다. 그중에서도 가장 강력한 것은 내 안에서 솟아나는 불안과 의심이었다. 내가 가는 길이 혹시 정말 잘못된 경로는 아닐까? 어떤 이정표도 없는 이 길을 계속 가도 될까? 정말로 내가 '어리고 뭘 몰라서' 잘못 판단했다면 어떡하지?

그럴 때마다 어떤 얼굴을 떠올렸다. 잡지를 창간을 준비하던 2013년 1월, 〈나·들〉 표지에서 처음 본 70대 비혼 여성의 얼굴이었다. 비혼 여성에 대한 무수한 풍문 중 그 어디에도 속하지 않는 그 얼굴을 맞닥뜨린 순간 나는 알아보았다. 아주 오래전부터 내가 간절히 바라고 또 보고 싶어 했던 얼굴이었다. 김애순 선생님.

띠링.

처음으로, '이탈한 경로'가 아니라 "나에게 더 잘 맞는 경로에 진입했습니다"라는 안내 방송이 울렸다. 우리 사회는 비혼 여성의 삶과 이야기를 의도적으로 삭제하거나 왜곡하거나 밀쳐버린다. 그리고 끊임없이 경로를 이탈했다는 경고음을 울려댄다. 그러나, 틀렸다. 결혼하지 않겠다거나 결혼을 기약 없이 유예하는 선택은 경로 이탈이 아니라 본인의 삶을 꾸려가는 과정에서 더 나은 방향을 탐색하고 나아가는 여정이다. 새로운 경로이자 다른 경로일 뿐이다.

어쩌면 이 책에는 비혼을 결심한 이들이 기대하는 내용이 없을지도 모른다. 대담을 하고 오는 길, 어떨 때는 웃었고 어떨 때는 울었다. 어떨 때는 용기를 얻고 어떨 때는 절망했다. 돌아보면 당연한 결과다. 인생은 결혼을 기준으로 자유와 속박, 행복과 불행으로 명확히 나뉘지 않는다. 그 어떤 삶도 더 우월한 경로거나 '정상'이 아니니까. 타인의 삶을 함부로 떠받들거나 폄하해서는 안 되는 이유다. 그래서 무언가를 명쾌하게 제시하거나 규정하지 않으려 애썼다. 그렇다면 이 대담을 어떤 의도로 진행하였고, 이

책을 무엇이라고 정의하는 것도 무의미하다. 누군가에게는 힘이 번쩍 나는 반가운 이정표, 누군가에게는 종이 너머로 가장 차지게 손바닥이 맞닿는 하이파이브, 누군가에게는 건너편 테이블에서 넘어오는 수다, 누군가에게는 눈물겹게 반가운 안부, 누군가에게는 답답한 명치를 쓸어주는 약손….

　나는 나를 아프게 하는 다정함들에게 이 책을 건네고 싶다. '나는 정말 괜찮아요.' 언제든지 안 괜찮아질 수 있지만, 그건 누구의 삶이든 마찬가지다. 모두가 언제나 괜찮을 수는 없다. 다만 비혼이라는 이유로 나의 권리를 빼앗아갈 때는 전혀 괜찮지 않다. 그러니 경찰서 같은 곳에 내가 혼자 앉아 있을까 봐 걱정하며 결혼을 권하는 대신, 그런 일이 벌어지지 않는 세상을 함께 만들어가자고 말하련다. 우리 강산 안전하게 안전하게. 평등하게 평등하게.

차례

일러두기

인터뷰는 이진송이 정리했으며, 산문은 이진송이 썼다.

프롤로그

✦

비혼의 롤모델 김애순[*]

김애순은 8개월 만에 태어났다. 6남매 중 막내였다. 그 시절 '계집아이'가 팔삭둥이로 태어난다는 것은 지금과는 완전히 다른 일이었다. 살릴 기술도, 돈도, 이유도 없었다. 애순을 강보에 싸서 밀쳐두고 어머니는 밭일을 하러 나갔고, 그녀가 돌아오는 모습을 본 이웃들은 벌써 아기가 죽었느냐고 혀를 찼다고 한다. 그러나 김애순은 죽지 않았고, 21일 만에 생명 구실을 하게 되었다. 어머니는 결국 젖을 물렸다. 바람기가 심했던 아버지 때문에 눈물 마를 날이 없었던 어머니는 조산이 자기 탓이라 여겼다.

그런 어머니의 마음을 알았는지 태어나서부터 순하고 예쁜 짓만 한다고 어머니가 지은 이름이 사랑 애愛, 순할 순順을 딴 '애순'이었다. 일제 강점기에 공무원을 했던 아버지는 일본식 이름인

---

[*] 김애순이 구술한 내용을 이진송이 재구성하였다.

길자吉子를 호적에 올렸지만, 김애순은 그 이름이 마음에 들지 않아 평소에는 '애순'을 썼다. 김애순은 대학교 때까지도 이름이 두 개였다. 대학 졸업 후에 공무원생활을 하면서 김애순은 직접 개명을 신청했고, 기어이 이름을 스스로 선택했다. 그렇게 우리는 김길자가 아닌 김애순을 만나게 되었다.

김애순은 중학교 2학년 때 학교 운동장에서 임시로 설치된 하얀 스크린에서 무성영화를 처음 보았다. 〈검사와 여선생〉이라는 영화였다. 억울하게 법정에 선 여교사를 구하고자 변론하는 변호사의 모습이 뇌리에 깊게 박혔다. 열다섯 살의 김애순은 사회와 약자를 위해 일할 것이라는 결심을 굳혔다. 결혼하지 않겠다고 결심한 것도 그때부터였다. 한 남자를 만나 자식을 낳고 가정을 이루는 일이 자신에게 어울리지 않는다는 김애순의 판단은 옳았지만, 그때는 아직 누구도 알아채지 못한 원대한 포부(!)였다. 대부분의 여학생들이 장래희망으로 '현모양처'를 써내는 시절이었으니 김애순 역시 자신의 다짐을 가슴속 깊이 간직하기만 했다.

고등학교를 졸업한 김애순은 상경하여 대학에 입학했다. 김애순이 가족 부양의 의무가 없는 막내딸이자, 애순에 대한 어머니의 믿음이 있었기에 가능한 일이었다. 김애순이 대학생활을 하는 1960년대는 4·19 혁명부터 5·16 군사 쿠데타까지 바람 잘 날 없는 나날이었다. 최루탄을 뒤집어쓰고 콧물을 흘리며 종로에서 신촌 자취집까지 비틀거리며 걸어가거나, 경찰이 쫓아온다는 소리에 내복 위에 그대로 겨울용 외투만 걸치고 자취집에서 달아

나기도 했다. 1961년 5·16 군사 쿠데타 당일에는 학생연맹 사무실에서 체포되어 3개월간 옥살이를 했다. 6·25 때 공산당에게 학살당한 아버지에게 이북 공산당 간부로 있었다는 죄목을 씌웠으니, 그 무렵 김애순처럼 누명을 쓰고 본보기로 옥고를 치른 이들이 얼마나 많았을까. 8·15 광복절 특사로 풀려날 때까지 면회한 번 허용해주지 않아, 김애순은 매달 찾아오는 생리의 처리가 가장 곤욕스러웠다고 기억한다.

여학생이 대학을 졸업하면 으레 중매 시장에 나가는 것이 당연하던 시대였다. 1960년 여성의 초혼 연령은 21.6세, 1966년은 22.8세였다. 그러나 김애순은 그보다 늦은 나이인 스물넷에 처음으로 직업전선에 뛰어들었다. 일선 행정기관의 사회복지업무였다. 벽지나 오지를 뛰어다니며 생활보호대상자들을 직접 찾아다녔다. 고아부터 노인, 성매매 피해 여성, 학대당한 여성과 아동 등 세상에는 소외되고 고통받는 이들이 너무 많다는 것을 다시한번 절감했다. 김애순이 버려진 아기를 안고 대중교통을 이용할 때는 시선이 쏟아졌다. 김애순을 '미혼모'라고 생각하는 사람들의 눈초리는 몹시 따가웠다고 한다.

20대 초중반이었지만 당시의 기준으로 김애순은 결혼 적령기거나, 이를 살짝 넘어선 상태였다. 지방의 행정기관에서 근무하던 시절에 따라다니던 신문기자는 김애순을 '가시 돋친 장미'라고 부르며 '꺾어야 제맛'이라고 떠벌리고 다녔다. 그 기자처럼 외부인만이 김애순에게 구애하고, 함께 근무하는 사람들은 김애순에게 오히려 구애하지 못한 점이 흥미롭다. 여자가 남자보다 조금 조건이 '못해야' 점수를 따는 것이 결혼시장의 법칙, 시골에서는 대학교육을 받은 김애순을 아내나 며느리로 맞이하려는 이들이 없었다. 게다가 감옥에 다녀온 경력 때문에 가는 곳마다 경찰서 정보과 형사의 사찰을 받았으니 김애순의 비혼에는 국가도 다소 기여했다고 하겠다. 아무런 죄가 없어 떳떳하게 살아가는 그녀의 모습에 경찰도 호감을 가지고 형식적으로만 김애순을 감시하게 되었다.

20대 후반부터 김애순은 가는 곳마다 폭발적인 관심을 받는다. 2002년에야 여성의 평균 초혼 연령이 27세를 넘어서는데, 1960년대 후반의 김애순이 그때까지 결혼도 하지 않고 계속해서 일을 하고 있었으니 오죽했을까. 좁은 우물 안에 사는 사람들에게는 그야말로 '이상한 여자'로 보였던 김애순은 사람들의 상상과 추측, 충고와 질문 속에서 묵묵히 버텼다. 김애순이 선택한 전략은 남들보다 더 일을 열심히, 그리고 잘하는 것이었다. 김애순이 맨몸으로 부딪히는 차별과 편견은 두 겹짜리였다. 어차피 여자는 결혼하면 끝이라는 노동력에 대한 무시와, 어딘가 하자가 있으니 결혼을 못 했을 것이라는 비혼에 대한 선입견.

지방에서 공무원생활을 끝내고 서울로 돌아온 김애순은 잡지사 기자로 2년간 근무하다가 국회의원 비서관으로 들어갔다. 그러나 1972년 박정희 대통령의 유신 계엄령 선포로 갑자기 8대 국회가 해산되어 의원을 포함한 모두가 하루아침에 실직자가 되었다. 1979년 서울의 봄을 맞이하며 18년 독재가 종지부를 찍는 줄 알았더니, 신군부가 권력 장악을 위해 또다시 10대 국회를 강제로 해산시켰다. 비서관을 하는 동안 국회가 두 번이나 해산된 것이다. 정치인이 되어 사회의 약자들을 위한 활동을 하겠다는 김애순의 꿈도 좌절되었다.

김애순은 굴하지 않고 직업전선을 누볐다. 공익을 위해 일하는 것을 가장 중요한 소명으로 삼았지만, 생계를 해결하고자 관광회사와 출판사에서 일한 적도 있다. 하지만 그마저도 모난 돌이 정 맞는다고 순탄하지 않았다. 출판사에 다닐 때였다. 군부독재를 비판하는 시를 〈동아일보〉에 투고했다가 곧장 회사로 압박이 들어왔다. 김애순은 결국 사표를 냈지만 퇴사하던 날 벌어진 평사원 한 사람의 송별회가 그 회사 역사상 가장 거창했다는 후일담이 전해온다.

김애순은 자신의 존엄과 자존심에 흙탕물이 튀는 것은 참지 않았다. 그 때문에 수없이 직장을 옮기고 사람들에게도 유별나다는 소리를 많이 들었지만 그 긍지 높고 고고한 성품이 김애순을 지켜주었다. 물론 당시로서는 드물게 고학력자였고, 금방 다른 직업을 찾을 수 있다는 자신감 때문에 가능한 일이기도 했을 것이다. 김애순은 이후 여성유권자연맹 간사로 일할 때 함석헌이 발간하는 〈씨알의 소리〉에 "간접적인 슬픔"이라는 글을 투고하였다가, 정보기관의 사찰을 받고 퇴사하기도 했다. 일신의 안위가 걱정돼 퇴사한 것이 아니었다. 공익을 위해 일하는 조직이 본인 때문에 피해를 볼까 봐, 그것이 가장 두려웠다.

김애순이 자존심만큼이나 인생에서 중요하게 여긴 가치는 약자를 위해 봉사하며 살겠다는 사명감이었다. 어린 시절 영화를 보며 다짐했던 그 마음을 변치 않게 유지하려 평생을 애썼다. 사무직으로 일하며 행정업무 감각을 익힌 뒤에는 비영리단체에 들어가 약자를 돕고 공익을 위해 일해왔다. 간호조무사협회에서 일하며 간호조무사(당시 간호보조원)들이 야간수당을 받지 못하는 환경을 개선하기 위해 노력하여 여러 종합병원의 야간수당 지급을 관철시켰다. 장애인총연합회에서 일할 때에는 서울 시내 모든 전철역의 노란색 점자보행선의 설치 유무를 조사하여 설치를 촉구했다. 더불어 장애인 복지 제도의 내용을 요약한 팸플릿을 만들어 일선 행정기관과 장애인 단체에 배포했고, 이를 통해 복지 업무시행과 장애인 혜택 수혜를 도모했다. 한국부인회 총본부에서 일할 때는 무료법률상담, 소비자피해보상, 생활용품 재활용 사업을 통한 주부 일터 마련 등을 추진했다. 특히 생활용품 재활용 사업은 국가가 민간에게 맡긴 연 33억짜리 프로젝트로 김애순은 전국을 돌며 사업 지도와 시행 현황 모니터링에 밤낮을 모르고 헌신했다.

1980년대가 되면서 김애순은 비혼을 자신의 중요한 정체성으로 인식하고 활동하기 시작했다. 그때는 비혼 대신 싱글이나 독신 같은 단어를 썼다. 싱글 친구들 여섯 명이 모여 어느 종중산에 컨테이너 별장을 세우고 주말마다 모였다. 모임은 5년여간 이어졌고 김애순은 그 경험을 바탕으로 1990년 12월 전국적인 규모의 최초의 독신단체 '한국여성한마음회(이하 한마음회)'를 창설하고 초대 회장을 맡았다. 처음에는 회원 수가 100여 명이었으나 3개월 후에는 400명까지 늘어났다. 최초의 싱글 단체라고 언론에서도 관심이 많았는데, 기자들이 취재차 사진을 찍으려고 하면 회원들은 카메라를 등지거나 도망가기 바빴다. 비혼으로 사는 것이 여전히 흠이나 수치로 여겨지던 때였다.

한마음회에서 단체로 여행을 갔을 때 김애순이 장난으로 "엊그제 맞선을 봤다"고 했더니 한 팀이 〈배신자를 처단하자〉라는 연극을 올렸다. 마지막에 〈배신자〉라는 노래를 합창하며 10여 명이 일제히 권총 손가락을 들이댔을 때, 김애순은 얼른 "거짓말이야~ 거짓말이야~"라고 노래했다. 그러자 그 자리에 있던 모두가 폭소했던 일을 김애순은 아직도 어제 일처럼 떠올릴 수 있다.

2015년에 세 번째 산문집 《싱글들의 파라다이스》를 출간한 뒤 신문, 방송, 잡지 등 여러 매체에서 인터뷰와 출연 요청이 잦았다. 우스갯소리로 "'비혼 국가대표'가 된 것 아니냐"는 말도 듣곤 한다. 김애순 말고도 비혼을 지향하는 삶을 꾸린 사람들이 많았고 김애순은 그저 자신에게 충실히 살았을 뿐이지만, 세상은 이런 비혼 여성은 처음 본다는 듯 호들갑을 떨어댔다. 젊은 친구들에게 단톡방에서 왕언니나 대모로 통하는 것은 생각지 못한 재미있는 경험이긴 하다. 이제는 누가 황혼 결혼이라도 하자고 해도 거들떠보기도 어렵게 됐다며 농담하곤 한다.

현재 김애순은 직장에서 물러나 한가롭게 산다. 한가로운 가운데 매일이 바쁘다. 아침에 눈을 뜨자마자 현관 앞에 누워 있는 조간신문을 일으켜 애인처럼 반갑게 맞이한다. 신문을 한 시간 정도 읽고 나서 한 시간 반 동안 요가를 한다. 건강을 위해 27년간 해온 일이다. 아침까지 해 먹고 나면 그것만으로도 오전이 훌쩍 지나간다. 자기 자신에게 책임을 진다는 것은 생각보다 시간을 많이 할애해야 하는 일이다.

오전이 지나면 김애순은 책을 펴 든다. 낮 시간이 훌쩍 지나간다. 책을 보고 있으면 사회복지사가 벨을 누른다. 그가 열악한 환경에서 일하는 것을 알기에 자신을 너무 살뜰히 챙겨주는 태도가 김애순은 오히려 마음 아프다. 오래전이지만 첫 사회생활을 사회복지직 공무원으로 시작했던 김애순이다. 지난날을 회상하다 보면 복지사의 손을 잡고 따뜻한 말을 건네게 된다. 복지사와 생활의 정담을 나누기도 한다.

일주일에 한 번씩 가는 고양어린이박물관 '아기숲'에서의 자원봉사는 김애순의 요즘 가장 중한 의무이자 행복이다. 어린아이들을 보면 웃음이 절로 나온다. 아이들과 만나는 것은 노년의 가장 큰 보람이자 즐거움이다. 남을 위해 자신을 희생하는 것은 많은 사람들이 하고 있는 일이지만, 타인의 케어를 받을 나이에 몸이 아파도 기를 쓰고 일어나 봉사를 하러 가는 이유는 살아 있다는 고마움을 사회에 표하기 위해서다. 김애순의 가장 큰 소망 중 하나는 건강이 허락하는 한 아이들과 계속 만나는 것이다. 약자를 위해 봉사하며 살겠다는 김애순의 커다란 포부는 결국 매일의 실천으로 실현되는 중이다.

요즘 김애순의 새로운 낙은 유튜브다. 하루에도 몇 번씩 정치·사회 문제를 다룬 영상들을 보다 보니 볼거리가 그 위주로 큐레이션 된다. 신문과 TV 뉴스로는 부족하다고 느껴 유튜브를 보며 구체적인 시사 정보를 얻는 것이 습관화되었다. 스마트폰을 다룰 수 있게 되자 펼쳐진 또 다른 세상은 흥미로우며 무궁무진하다고 김애순은 느낀다. 작년 SNS에 올라간 자신의 영상이 뜨거운 반응을 얻은 것은 아직도 신기하기만 하다.

세상은 많이 바뀌기도 했고 어떤 면에서는 답답할 정도로 그대로다. 살고 싶은 대로 살았기에 김애순은 자신이 특별하다고 생각하지 않는다. 비혼이 특별하지도 별나지도 않은, 자연스럽고 당연한 삶이기를 바란다.

1
그들의 사정
—둘만의 사정은 아닙니다

비혼의 가능성

✦

삶은 언제나, 더 행복해지기 위한 선택의 연속이니까요. 좀 더 나은 삶, 내 행복을 지킬 수 있는 삶을 위한 선택이 비혼이죠.

전송 지하철 신문가판대에서 선생님이 표지 모델을 한 월간지 〈나·들〉을 본 기억이 아직도 생생해요. 선생님의 사진은 모노톤이었고 그 아래에는 빨간 배경 위의 하얀 글씨로 '나, 비혼주의자'라는 카피가 새겨져 있었죠. 〈한겨레〉에서 발행한 〈나·들〉은 선생님의 이야기가 담긴 2013년 1월의 3호를 거쳐 2014년 7월을 마지막으로 발행을 중단했지만, 많은 비혼들에게 〈나·들〉은 김애순으로 기억되기도 할 거예요. 제게는 역사적 인물이나 종교인이 아닌, 심지어 '스스로' 결혼하지 않기로 선택한 70대의 비혼 여성이라는 존재가 살과 뼈를 가진 구체적인 현실로 제 앞에 처음 나타난 대사건이었어요. 막연하게 마음속으로 비혼을 결심만 하고 있었는데 그때부터 좀 더 적극적으로 자료 조사도 하고, 인생의 계획도 새로 세우기 시작했어요.

애순 그때 표지에 비혼이라는 카피와 함께 내 얼굴이 얼마나 크게 나왔는지, 엄청 놀랐어요. 그런데 진송 씨는 너무 빠르지 않나? 벌써 비혼을 선언하거나 결심하는 건 좀 이른 것 같아요.

진송 선생님 보기에 저는 약간 '비혼 인턴' 같은 느낌일까요?

애순 인생이라는 게 어떻게 될지 모르니까요. 굳건하게 결심했던 게 하루아침에 바뀌기도 하고, 어, 어, 어? 하면서 끌려다니다가 평생 그렇게 살기도 하는걸. 결혼 안 한다고 했다가 한 사람들도 엄청 많거든.

진송 선생님은 그럼 따로 결심을 하지는 않고 자연스럽게 비혼으로 지내신 거예요?

애순 아니, 나는 일찍이 마음을 먹었지. 다만 지금은 너무 어리다는 거죠, 진송 씨가.

진송 선생님은 비혼으로 살겠다는 결심을 언제 하셨어요?

애순 난 중학교 때?

진송 선생님이 더 빠른데요? 그 정도면 거의 비혼계의 영재 아닐까요?

애순　중학교 때 영화 〈검사와 여선생〉에서 변호사가 변론하는 것을 보고 감명받았어요. 나도 나중에 어려운 사람들 돕고 살자 생각하며 변호사로 진로를 정했지. 그때는 결혼을 하면 아주 극소수의 경우를 제외하고는 다 하던 일을 그만둬야 했어요. 그런 걸 보면서 무얼 하든, 일단 결혼은 인생 설계도에서 빼자 생각한 거야. 내가 제일 하고 싶은 건 결혼이 아닌데 결혼을 하면 다 그만둬야 하니까 그게 뭐야? 완전히 손해보는 장사죠.

진송　그때의 결혼은 대부분의 여성들에게 일종의 '평생 직장'이었으니까요. 교육의 기회도, 전문직으로의 진출도, 결혼생활과 사회생활을 병행하는 것 모두 요원했고…. 결혼하지 않으면 살아남기 힘들고, 결혼을 하면 이전의 삶과 완전히 단절되었던 거죠. 그야말로 일방통행로에 밀어넣고 뒤에서 빵빵거리는 꼴이네요.

애순　그땐 결혼하면 끝이었지. 지금도 세상이 많이 좋아졌다고는 하지만, 이렇게 비혼 갖고 책을 내는 게 유별나 보이고, 나한테 맨날 언론 매체에 나와 달라고 전화 오고 이러는 거 자체가 아직 멀었단 이야기야.

진송　1985년에 근무 중 택시에 치어 더 이상 일을 할 수 없게 된 여성이 택시 소유자에게 소송을 냈어요. 퇴직 연령인 55세까지 회사원으로 받을 수 있는 3,350만 원을 배상하라고요. 그런데 재판부가 "우리나라 여성의 평균 결혼연령인 26세부터는 가사노동에 종사하는 것으로 봐야 한다"라면서 그 여성이 받았던 임금이 아닌 그 당시 도시 성인 여성들의 평균임금으로 계산해서 지급하라고 판결을 했어요. 아니 26세부터 종사하는 가사노동은 무급이잖아요. 그런데 무급으로 가사노동을 하는 여성이 더 많이 포함되었을 표본의 평균임금을 직장 여성의 임금으로 책정한 거예요. 여성은 26세 이후에 가사노동에 종사하는, 즉 결혼하여 전업주부가 될 것이라는 전망이 일반적이었던 시절부터 선생님은 공무원, 국회의원 보좌관, 잡지사와 출판사 직원, 사회단체 실무책임자 등으로 꾸준히 일하면서 지금까지 혼자 살아오셨잖아요. 선생님이 그 당시로서는 드물게 대학 교육까지 마치신 덕분이겠죠?

애순 그렇지. 경제적인 독립이 없으면 언감생심 비혼을 생각이나 할 수 있나. 이제는 '결혼 꼭 안 해도 된다'는 이야기를 젊은 이들이 많이 하니까 결심은 훨씬 더 쉽죠. 하지만 실천에는 역시 첫째도 경제력, 둘째도 경제력이야.

진송 결심과 실천 사이에는 역시 현실적인 문제가 있네요. 경제적 독립이 임금 구조와 복지 제도의 문제라면, 결심은 멘탈 관리의 문제라고 생각해요.

애순 멘탈이 뭐죠?

전송 정신력이요. 비혼을 결심했을 때 생기는 불안이나 걱정, 결혼하지 않아도 정말 괜찮을까 하는 우려에 매몰되지 않으려는 노력이라고 할까요.

애순 그 우려를 완전히 지우기는 쉽지 않아요. 그래도 삶은 언제나 더 행복해지기 위한 선택을 하는 과정이니까요. 좀 더 나은 삶, 내 행복을 지킬 수 있는 삶을 위한 선택이 비혼이죠. 그에 대한 리스크가 그 불안일 테고. 좀 정신력, 그 멘탈이라는 게 강해질 필요가 있어요.

전송 개인의 불안은 결국 사회구조와도 연결되어 있으니까요. 선생님께서는 험난한 '결혼지상주의'를 개인의 능력으로 모두 헤치고 오셨지만, 저는 그렇게 생각해요, 개인의 단호한 결의도 중요하지만 이제는 특별하지 않아도, 강하지 않아도, 엘리트 여성이 아니어도, 결혼하지 않고도 잘 살 수 있어야 한다고.

애순 별로 무서울 거 없어요. 비혼으로 살면 엄청 좋은데.

전송 그런 이야기를 많이 많이 해주세요… 흑흑….

김애순과 '같이' 버틴다는 느낌

✦

비혼들이 서로서로 그 존재만으로 의지하고 있다는 생각이 드네요.

진송 1990년대부터 '미혼' 대신 '비혼'이라는 표현을 쓰자는 여성 단체의 운동이 시작되었죠. 개인적으로는, 언젠가 결혼할 것이라는 의미를 내포한 아직 미未자 대신 아닐 비非를 쓴 명명이 정치적으로 중요하다고 생각해요. 선생님께서는 비혼이라는 말을 처음 들었을 때 어떠셨어요?

애순 처음에는 어색하더라고요. 완전히 새로 만들어진 말이잖아. 50년 가까이 '미혼' '독신' '싱글' 같은 말만 썼으니까. 그런 상황에서 월간지 〈나·들〉 2013년 1월호에 비혼이라는 타이틀과 함께 대문짝만하게 얼굴이 실렸으니 얼마나 내가 놀랐겠어.

진송 저한테는 운명 같은 순간이었답니다.

애순   아유, 나는 정신이 하나도 없었어. 아이쿱 생협에 수양딸이랑 갔는데 〈한겨레〉에서 내 얼굴로 만든 포스터가 붙어 있는 거야. 당시에 전국에 120군데나 붙여놨었대요. 그때부터 얼굴이 다 알려져버렸지 뭐.

진송   요즘에는 선생님처럼 유명인사를 '셀럽'이라고 부르는데요. 선생님은 비혼계의 김 셀럽이에요. 비혼주의자 여성치고 선생님 모르는 사람 없을걸요?

애순   몰라, 셀럽인지 뭔지(웃음).

진송   저희가 이렇게 인터뷰하는 도중에도 기자나 PD들한테 계속 전화가 오는데요. 비혼인들의 롤모델로서 느끼는 부담감이나 책임감이 있으신가요?

애순   부담감은 있죠. 10년 전쯤 조카한테 보증 서줬다가 재산이 압류당해서 삶을 포기할까도 생각했었어. 노후자금 일부까지 날렸거든요.

진송   아이고.

애순   근데 이미 여러 매체에서 인터뷰하고, 얼굴이 여기저기 걸려서 전국에 알려졌는데 죽으면 기사가 크게 날 거 아니에요.

사람들이나 기자들이 딱 좋아할 이야기지. '비혼으로 살면 저렇게 비참하게 죽는다'라고 생각할까 봐 그 생각으로 하루하루 버틴 거야.

(진송) 마음이 아파요. 정말 롤모델로서의 책임감 하나로 버티신 거네요.

(애순) 나야 그때 이미 어머니 아버지가 다 돌아가셨으니까 내가 죽는다고 해도 상처받을 사람이 없었어요. 그런데 사회적으로는 아니었지. 가뜩이나 비혼에 대한 좋은 이야기가 없는데, 기껏 알려진 사람이 그렇게 죽어봐. 비혼들이 좌절할 생각을 하니 내 마음대로 죽지도 못하겠더라고요.

(진송) 버텨주셔서 고마워요, 선생님.

(애순) 올해도 몸이 많이 안 좋았어요. 진송 씨랑 이 대담을 하는 동안 수술도 하고 병원도 몇 번이나 드나들었으니까. 몸이 아파서 마음이 약해질 때면 '아니야. 건강해져야지. 건강해져서 당당하게 살아야지' 다짐해요. 내가 비실비실거리면 비혼으로 사는 사람들이 실망하니까.

(진송) '비혼 대표'로 알려져서 부담스러우셨겠지만, 긍정적으로 작용한 부분이 분명 있어요. 그 덕분에 저도 선생님을 알게 되

고, 〈한국일보〉 기사가 나서 저희 책도 이렇게 만들어지고. 선생님의 페이스북 인터뷰 영상에 대한 반응이 무척 뜨거웠죠?

애순 '혼자서는 이렇게 살면 되겠구나' 용기를 얻었다고 하더라고요. 나도 기분이 좋았지.

전송 이야기를 듣다 보니 비혼들이 서로서로 그 존재만으로 의지하고 있다는 생각이 드네요. 선생님은 비혼들을 생각하고, 비혼들은 선생님을 보면서 용기를 얻고.

'남편 없는 팔자'라는 말

◆

자신의 가치관과 식견을 바탕으로 독해하는 거니까 결국 봐주는 사람의
그릇을 넘어서는 결과는 나올 수 없다고 생각하거든요.

진송   우리나라 사람들은 팔자라는 말을 많이 하는데요. 특
히 이 단어나 개념은 여자한테 강력하게 작용하는 것 같아요. 남
편 잡아먹을 사주라거나, 남편 잘 만날 팔자라는 식으로. 선택권
이 제한되어 있는 인생을 적당히 위로하거나 정당화하려는 음모
(?)는 아닐까 의심하고 있어요.

애순   그럼 진송 씨는 점 같은 거 안 봐요?

진송   순전히 재미로 이것저것 많이 봤어요. 손금, 타로, 사주,
신점, 관상… 한결같이 남자나 남편 복은 없다는 소리를 들어서
되게 웃기거든요. 선생님은요?

애순   젊었을 때 언니랑 같이 가서 두세 번 봤어요. 지방에서

서울로 올라왔을 때 앞날이 궁금해서 처음 봐봤는데 나를 보고 "평생 메디컬 센터 신세만 지고 살 팔자"라고 하지 뭐예요. 저 사람은 엉터리다, 생각하고 무시해버렸어요. 대신 건강에 각별히 신경을 써서 지금까지 비교적 건강한데, 그 사람 덕분이라고 해야 할지 그 사람이 엉터리라는 증거라고 해야 할지 아리송하죠?

(전송) 자기의 현재 상황과 위치에 따라 어떤 것은 맞기도 하고 틀리기도 하고, 그때는 맞았다가 지금은 틀리기도 하니까요. 선생님은 사주 볼 때 남편 관련된 이야기를 들어보셨나요?

(애순) 결혼했더라면 실패했을 거고, 해도 늦게 했어야 한다고 나오더라고요. 남편이 있겠다 없겠다 이야기는 안 하고.

(전송) 시대상의 반영도 좀 있을 것 같아요. 그때는 결혼을 안 한다는 것 자체가 사람들에게 낯설었고, 이 사람의 인생이 불행한 증거라고 생각해서 '없다'는 표현 자체를 피하지 않았을까요? 자신의 가치관과 식견을 바탕으로 독해하는 거니까 결국 봐주는 사람의 그릇을 넘어서는 결과는 나올 수 없다고 생각하거든요. 같은 맥락인데, 사주를 성별에 따라 다르게 해석하는 분들이 있잖아요. 남자의 사주에 '관'이 있으면 이 사람이 위로 간다는 좋은 뜻이지만 여자 사주에 '관'이 있으면 그게 남편을 해치거나 이혼하게 된다고 풀이하는 사람들도 있죠. 아마 선생님이 들으신 것도 그런 맥락일 것 같아요. 외부 활동을 많이 하시고 관운

있는 것을 이혼이나, 결혼에 부정적인 영향을 주는 사주로 읽는.

애순　　맞아요. 나한테 관운이 있다고 하더라고요. 그러니까 처음 했던 일이 공무원이었고 국회의원 보좌관도 했겠죠. 여자가 무슨 관운이 필요하냐고 하는데 여자한테는 뭐, 결혼 운이나 자식 운만 있어야 되나? 관운을 이혼이랑 연결 짓는 건 여자가 너무 잘나면 결혼생활이 평탄하지 못 하다는 생각의 잔재인 것 같아요.

진송　자식 운 같은 것도 얘기 안 해요?

애순　안 하던데요.

진송　무소의 뿔처럼 혼자 가는 사주….

애순　진송 씨는 자식 운 있대요?

진송　기억이 안 나요.

애순　하나도 안 궁금한가 봐.

진송　티 났어요?

'나'와 잘 지내기

✦

결혼한다고 뚝딱 안정과 성숙이 찾아오겠어요?

진송   20대 때는 사람들이 다 비슷한 일과를 보내더라고요. 일을 하든가 학교를 다니든가. 선생님도 느끼셨겠지만 30대부터는 결혼한 사람 혹은 결혼을 생각하고 있는 사람들과 비혼을 결심한 사람과는 세계가 갈라지는 것 같아요. 경험이나 생활 방식이 확 달라지잖아요.

애순   결혼하면 가사도 늘어나고, 아이라도 낳으면 생활 패턴이 육아 중심으로 굴러가게 되니까 결혼 전과는 완전히 달라질 수밖에 없죠.

진송   선생님 같은 경우는 상대적으로 여가가 많고, 그 시간을 나를 위해서 쓸 수 있었잖아요. 누군가는 외롭다고도 할 그 시간들을 어떻게 보내셨는지 궁금해요.

애순   30대까지도 직장생활에 매진했어요. 일하느라 바빴지. 결혼을 안 하니까 야근도 기꺼이 맡아서 했어요. 40, 50대 때는 결혼 안 한 친구들끼리 여행이나 등산을 자주 다녔고.

진송   선생님께서는 비혼 여성에 대한 편견 때문에 일을 더 맡아서 열심히 하셨다고 했는데, 비혼에게 일이 더 몰리는 건 부당하다는 생각이 들어요. 그렇게 더 열정적으로 일할수록 우리 사회가 편견이나, 기혼 여성에 대한 노동시장의 부당한 대우 등의 근본적인 문제는 그대로 두고 개인의 열정만 평가하게 될까 봐요. 선생님이 그렇게 하지 말았어야 한다는 게 아니라, 이제는 다른 노동 모델이 필요하다는 뜻으로요.

애순   그렇게라도 해서 회사에 꼭 필요한 사람이 되려고 했지.

진송   그 마음은… 다들 너무 잘 알죠.

애순   회사만 땡잡았지, 그땐 야근수당도 없었으니까.

진송   요즘에는 '워라밸'이라는 말이 있어요. 일과 삶의 균형이라는 뜻인데 '저녁이 있는 삶'이라고도 표현해요. 과로하지 않고 삶의 질을 추구하는 경향을 반영하는 신조어인데, 선생님께서는 퇴근 후 저녁 시간을 어떻게 보내셨나요?

애순　　내가 책 읽는 걸 좋아해요. 그래서 저녁에 집에 가면 주로 책을 읽으면서 시간을 보냈어요. 결혼처럼 살면서 겪는 큰 변화가 없으니까 어느 정도 시간 운용이나 계획을 세울 때 일관적이고 안정적이었달까. 아, 나이가 들면서 건강에 공들이는 시간이 늘었어요. 50대가 되면서부터는 아침 운동을 매일 꼭 했고요. 그전까지는 건강에 대해 별다른 신경을 쓰지 않았었는데, 40대부터는 관리를 해야겠더라고요. 체력이 달리니까 일을 마치고 오면 피곤해서 집에 오자마자 쓰러지는 거예요. 억지로라도 시간을 내서 운동을 했어요. 50대부터 요가를 배웠고, 등산도 꾸준히 다니기 시작했어요.

진송　　선생님에게 투자할 시간을 확보하실 수 있었네요. 여학생이 대학원에 가려고 교수에게 추천서를 써달라고 하면, 그런 질문을 받아요. "결혼 계획이 있냐"고. 여학생에게는 결혼이 학업에 영향을 크게 끼치는 거죠. 공부할 시간을 확보하기 어려우니까요. 그런데 제가 "나는 그런 질문을 안 받았다"라고 하니까, "친구들이 너는 결혼 안 할 걸 보자마자 아셨나보다" 하면서 놀리고 그랬어요.

애순　　회사에서의 경력단절이랑 비슷하네요.

진송　　네. 오히려 결혼하고 연구 성과가 올라간다는 남학생들과 대조적이에요. 얼마 전에는 침팬지 연구로 유명한 세계적인 동물행동학 박사인 제인 구달이 아이를 낳은 후 학계로부터 소외되고 연구를 중단할 수밖에 없었던 경험을 쓴 글을 읽었어요. 전에 어떤 분이 SNS에서, 맞벌이 엄마가 아이와 보내는 시간이 부족하니 아침 일찍 일어나서 아이와 놀아주란 말을 했다가 비판을 많이 받았는데, 그 생각도 나요.

애순 　아침에 애랑 놀아주라니. 나는 아침에 신문 읽고, 밥해 먹고, 치우고 출근했는데, 나 하나 챙기기도 그게 정말 만만찮은 일이라고요. 부지런하지 않으면 아침 거르기 예사였어. 지금이야 간편식도 많아서 편리하지만 1990년대까지만 해도 그렇지 못했지요.

전송 　즉석밥이나 반조리식품이 없을 때는 먹고 치우기만 해도 하루가 갔겠네요. tvN의 〈삼시세끼〉처럼요. 선생님 말을 들으니, 결혼 전에는 귀찮다고 안 챙겨 먹고도 잘 살던 남자들이 결혼하면 그렇게 아침밥 타령을 한다는 말이 생각나요.

애순 　결혼 안 하면 외롭니 어쩌니 겁주는 사람들은 자기가 집안일을 안 해본 사람 아닐까?

전송 　맞아요. 자기 자신 하나 제대로 챙기는 데만도 24시간이 모자라다, 외로울 시간이 없다.

애순 퇴직하고 나니 좀 여유가 생겨서 아이들 돌보는 봉사를 다녔어요. 지금도 매주하고 있죠. 요즘은 그게 가장 보람되고 행복한 일인 것 같아요.

진송 비혼으로 긴 시간을 보내셨잖아요. 돌아봤을 때 그 시간들을 어떻게 보냈으면 더 좋았을 것 같다고 생각하거나, 비혼들에게 이렇게 시간을 보내면 좋을 거라고 조언하고 싶은 게 있을까요?

애순 나는 이렇게 했으니 너희도 이렇게 하라고 말하고 싶진 않아요. 각자 생활이 다르고 취미가 다르잖아요. 사는 방식에서 누가 더 낫거나 부럽다고 생각하면 자존감만 떨어지고 끝이 없어요. 나는 다른 사람들 보면서 부러워한 적은 없어요. 그냥 자기 삶에만 집중하세요. 아, 건강을 챙기는 일은 가장 중요한 일이니 시간을 내서 꼭 하라고 말하고 싶네요.

진송 선생님은 친구분들과 지속적으로 시간을 가진다고 하셨는데, 결혼한 분들과는 시간 맞추기가 어렵지 않았나요?

애순 20~30대 때는 자기 애 키우느라, 50대 넘어가면 손자 손녀들 봐주고 그러느라 많이 바쁘더라고요. 주로 비혼, 돌싱 친구들과 많이 다녔죠.

진송　역시 만나기 힘들군요. 육아를 지원할 수 있는 인프라가 구축되어 있어야 하는데. 그게 부족하니까 개인이 육아를 떠맡게 되고, 가족 중에서 특히 여성이 그 역할을 맡을 수밖에 없더라고요. 여러모로 결혼이 여성의 삶을 송두리째 바꿔놓는 사건이라, 이제는 결혼을 안정과 성숙의 상징으로만 포장하는 사회에 더 이상 속아줄 생각이 없어요.

애순　육체적인 것뿐만 아니라 정신적인 스트레스도 꽤 크니까요. 이런 건 수치로도 잘 안 드러나고 말로 하기도 애매해요. 산다는 게 얼마나 불확실하고 위태로운 일투성인데 결혼이 뭐라고… 그거 한다고 뚝딱 안정과 성숙이 찾아오겠어요? 결혼한 삶에는 결혼한 삶대로, 비혼에는 비혼대로 인생의 위기와 무게가 있는걸요. 결혼하거나 비혼인 사람들끼리도 각자 너무 다르고.

'모성애'라는 감정

✦

결혼과 출산, 육아는 절대 한 세트가 아니거든요.

(진송) 선생님 저랑 〈한국일보〉 인터뷰 했을 때 같이 오셨던 수 양딸이 있었죠? 그냥 제자라고 하셨던가요?

(애순) 수양딸 아니야. 어느 모임에서 만난 사람인데, 나한테 어머니라는 칭호를 쓰다 보니 사람들이 수양딸로 생각하는 것 같아요. 그 사람 말고 진짜 수양딸이 있었어요. 지금은 결혼해서 딸 하나 낳고 사회운동하면서 수원에 있지. 서로 힘들면 전화도 하고, 딸이 미국에 5년 있을 때는 계속 메일을 주고 받았는데 한 국에 있으니 오히려 못 만나게 되더라고요. 서로 바빠서.

(진송) 보통 결혼을 안 하면 당연히 자식이 없을 거라고 생각 하잖아요. 그런데 결혼과 출산, 육아는 절대 한 세트가 아니거든 요. 우리 사회가 그 한 세트만을 권장하고 '정상'으로 인정할 뿐

이지. 선생님께 수양딸이 있다는 사실도 신기해하는 사람들이 많았죠?

애순   그래서 예전에는 수양딸이 있다는 말도 잘 못했어요. 오해할까 봐. 결혼 안 하고 아이 낳은 여자에 대한 시선이 좀 따가워야지. 내가 이런데, 진짜로 아이를 혼자 키우는 사람들은 어떻겠어요.

전송   그분과는 어떻게 인연이 생겼어요?

애순   내가 90년대 후반에 어느 단체에서 사무총장을 할 때 그 애가 회장의 비서였어요. 고등학교 때부터 친정어머니랑 떨어져 있으니까 외로웠는지, 나보고 어머니라고 부르게 해달라고 하더라고요. 그렇게 하라고 그 자리에서 승낙했지. 며칠 후에 그 애랑 같이 어딜 가는데, 차 안에서 갑자기 "어머니" 하고 부르는 거예요. 그러라고 해놓고 막상 들으니까 깜짝 놀랐어요.

전송   중년 이상 나이대의 여성들을 여기저기서 다 "어머니"라고 불러버리는데, 그렇게 듣는 건 또 특별한 경험이었겠어요.

애순   그렇지. 처음에는 좀 염치가 없다는 생각도 들었어요. 산고나 양육의 과정도 거치지 않고 이렇게 거저 어머니가 되어도 되나…. 그런데 지내다 보니 실제로 정이 생기더라고요. 사랑스럽고 귀엽고, 하는 짓마다 다 예쁘고. 눈에 넣어도 아프지 않다는 게 무슨 말인지 처음 알았어요. 뭐든지 좋은 걸 보면 딸 생각부터 나고, 이것저것 다 해주고 싶더라고요.

(전송) 그런 말들을 하잖아요. 결혼하고 애를 낳아봐야 부모의 마음을 알고, 비로소 어른이 된다고. 하지만 선생님이 느낀 감정들도 다양한 형태의 모성애 중 하나라는 생각이 들어요. 모성애를 직접 아이 낳고 키우는 엄마만이 느끼는 숭고한 감정이라고 규정하는 것도 모성 신화 아닐까요? 선생님은 정서적 친밀감과 거기서 오는 충족감이 반드시 결혼이라는 제도나 혈연관계에서만 가능한 게 아니라는 걸 직접 체험하셨네요.

(애순) 당시에 정말 딸한테 온 마음을 다 쏟았어요. 결혼 안 했다고 나를 매정스러운 사람으로 보는 시선들이 있는데… 사실 내가 굉장히 감성이 풍부하거든요.

(전송) 비혼에 대한 대표적인 선입견 중 하나죠. 이기적이라거나, 자기밖에 모른다거나, 감정이 메말랐다거나. 연애와 결혼이 사랑이라는 개념을 독점하고, 풍부하고 다양해야 할 사랑이라는 감정의 대표격이 이성애가 되어버려서 그런 것 같아요. 비혼을 결혼시장에서 낙오한 사람으로만 보니까 자꾸 성격상의 문제점을 찾아내려 하고요.

애순   비혼한테 매정하고 이기적이라고 손가락질할 게 아니라, 가족이기주의를 지양하는 캠페인을 벌이는 게 훨씬 생산적일 것 같아.

진송   그러게요. 선생님의 이야기를 들으면서 가족, 모성애 같은 개념의 정의가 너무 협소하다는 생각을 했어요. 〈마더〉라는 일본 드라마를 우리나라에서 리메이크했는데 한 여자가 학대당한 어린 여자아이를 구해서 가족이 되는 얘기거든요. 최근에 개봉한 영화 〈미쓰 백〉도 그런 내용이고요. 가족 결합 방식에 대한 대대적인 인식 변화가 절실해요. 하루가 멀다 하고 언론에서는 저출생 문제로 비혼을 때리는데, 정작 결혼 제도 바깥에서 태어나는 아이들은 국가가 방치하고 있단 말이에요.

애순   나도 그렇게 생각해요. 나는 수양딸과 법적으로 가족도 아니고 서로 감정적인 교류만 나눴지만 그러다가도 법적인 관계 증명이 필요한 상황이 올 수 있잖아. 배우자도 자기가 선택해서 가족이 되는데 다른 관계도 법과 제도의 보호를 받으면서 좀 원하는 대로 꾸릴 수 있었으면 좋겠어.

어른이 뭔데요

✦

치과에서 "치료비가 많이 드니까 부모님과 상의하고 오라"고 돌려보내더니, 결혼하자마자 갑자기 어른 취급을 하더래요.

(전송) 결혼을 안 하면 아무래도 미성숙한 철부지 취급을 받을 때가 있어요. 비혼에게 청소년이나 어린아이 대하듯 하는 거죠.

(애순) '짝도 없고, 애도 안 낳아본 네가 뭘 아냐?'라는 식이죠. 나도 많이 겪었어요.

(전송) 얼마 전에 제가 발행하는 독립잡지 〈계간홀로〉 13호에 "사람들이 나보고 어른이래"라는 제목의 글이 실렸거든요. 결혼하기 전에는 스스로 세금도 내고 혼자서 의연하게 살아온 자기를 치과에서 치료비가 많이 드니 부모님과 상의하고 오라고 돌려보내더니, 결혼하자마자 갑자기 어른 취급을 해준다는 내용이에요. 결혼하면서 남편분이 교회의 청년부에서 일반부로 이동했다는 것도 흥미로웠죠. 결혼하지 않으면 청년부, 결혼하면 일반부.

상징적이더라고요.

애순 친척들도 친구들도 '야, 네가 뭘 알아. 너는 미성년자야. 어른들 애기에 끼어들지 마' 이런 식으로 장난치더라고요.

진송 개인이 살아가면서 당면하는 여러 가지 투쟁, 갈등, 선택, 그로 인한 책임과 부담감들을 너무 가볍게 여기는 경향이 있어요. 결혼을 겪지 않는다는 이유로.

애순 근데 그런 거 너무 새겨듣지 말아요. 나는 그냥 "그래 나는 모르니까 다른 이야기하자" 이러고 말았어요.

진송 저도 딱히 상처받진 않아요. 다만 이런 태도나 발화들을 잘 보고 기록해두자 생각하는 거죠. 개인이 상처받거나 연연하지 않는다고 해서 그게 폭력적이지 않은 말이나 행동은 아니니까요. 그보다 제가 관심 있는 건 오히려 노동하는 여자에 대한 인식이에요. 우리 사회에서 가장의 이미지는 언제나 남성이 점유하고, 여성은 부수적인 일을 하는 사람으로 묘사되는 경우가 많은데요. 선생님이 회사 다니실 때 비혼 여성이라서 겪었던 부당한 처우는 없었나요? 가족이 없다고 고용에서 불이익을 받거나.

애순 마음에 담아두지 않으니까 기억은 안 나지만 왜 없었겠어요. 인정해주든 안 해주든 나는 나대로 살면 되는 거라고 생각하고 버텼지.

(진송)   어떻게 보면 선생님은 그런 종류의 인정 투쟁이 별로 안 중요하셨나 봐요.

(애순)   인정 투쟁은 주로 직장에서 일로써 했어요. 평판에 신경을 많이 쓰면서 살아왔지만 내 자아를 미혼 혹은 기혼이라는 틀에 끼워 맞추려고 하거나 다양성을 존중하지 않는 사람들을 상대로 인정 투쟁을 할 이유는 없다고 생각하면서 살아온 거죠.

비혼=임시상태?

✧

외국 공항에서 한국인 가족을 만났다. 외국인 승무원은 우리가 일행인 줄 알고 나에게 무언가를 부탁했고, 그렇게 그들과 말을 트게 되었다. 여성은 서너 살 정도 되는 여자아이들 두 명을 데리고 있었고, 남성이 차를 가지러 간 동안 기다리면서 나와 대화를 더 나누었다. 그녀는 나를 '아가씨'라고 부르면서 나의 시간과 젊음을 부러워했다. 친절하고 예의 바른 태도였지만 나는 그녀가 나를 자신보다 한참 어린 사람으로 취급한다는 것을 느낄 수 있었다. 손아랫사람을 대하는 '어른' 특유의 여유와 말투였다.

나눈 대화를 종합해보면 우리의 나이 차는 기껏해야 두세 살이었고, 내 예상이 잘못되었다면 그녀가 나보다 어릴 수도 있는 상황이었다. 그런데도 내가 결혼하지 않았기 때문에, '아가씨'로 불리는 비혼 여성이기 때문에 자연스럽게 우리의 서열이 정해졌다. 헤어질 때 그녀가 말했다.

"혼자일 때 여행 많이 다녀요. 나는 더 못 돌아다닌 게 그렇게 아쉽더라."

'아가씨'인 나는 언젠가 '결혼'을 해서 '혼자'가 아니게 될 거라 가정한 그 말. 금방 헤어질 사이였기 때문에 나는 소위 사회성을 발휘하여 까르르 웃기만 했다. 그리고 돌아서면서 웃음을 걷고 혀를 찼다.

나는 평생 혼자일 거지롱.

결혼하지 않을 자유를 위해

✦

나는 언제나 비혼주의자라고 거리낌 없이 밝힌다. 그 말을 들은 상대방이나 세상이 보인 반응은 두 가지였다. '역시나'와 '혹시나'. '역시나'는 '기 센 여자'인 내가 그럴 줄 알았다는 식이었고, '혹시나'는 조심스럽게 묻는 식이었다. 성장 과정 중에 어떤 트라우마나 결혼을 기피하게 된 상처라도 있냐고. 그들은 내가 눈물을 왈칵 쏟으며 불행했던 유년 시절을 털어놓으면, 다독여주면서 행복한 결혼생활에 대해 말하고 싶었을 것이다. 대부분이 나를 '바꿀 수 있다'라고 생각했으니까.

뿌뿌, 틀렸습니다. 어느 쪽이냐면, 오히려 따끈한 스윗홈에서 갓 구워낸 빵처럼 자랐다. 그래서 오히려 더 잘 안다. 안정적인 결혼생활과 이상적인 가정이 얼마나 '여자를 갈아 만들'어야 가능하며, 그 초인적인 일을 해내는 인간을 온 사회가 얼마나 당연하게 '표준'으로 설정하는지, 그 기준에 미치지 못하는 자들을 어떻게 폄하하고 단죄하는지. 그것은 어린 여자인 나에게도 주입되고, 무의식적으로 남의 '엄마'와 '아내'들을 평가하는 잣대가 되었다. 스무 살이 넘어 자취를 시작하고서야 알게 된 가사 노동의 무게는 결코 만만치 않았다. 나만 챙기고 돌보면 되는데도 그랬다. 2인 이상이라면? 등골이 서늘해졌다. 어릴 때부터 웨딩드레스를 입은 여자는 그려도 옆에 선 남자는 그린 적 없었던, 그 결과 남자를 하도 못 그려서 만화가의 꿈을 포기한 나는 손사래를 쳤다.

아, 결혼은 됐습니다.

결혼 없는 내 삶을 누군가는 실패작이나 미완성이라고 보고, 나 역시 언젠가 후회할지도 모른다. 그런데 원래 인생은 원래 밤에 이불 덮고 누웠을 때 "아 그때 ~했어야 하는데"라는 생각이 별처럼 스치우는 밤들의 연속 아닌가. 당장 지금도 어제 못 산 특가 할인이 눈앞에 아른거리는 것을.

나는 비혼이 완벽해서, 기혼보다 우월하다고 생각해서, 결코 후회하지 않을 자신이 있어서 비혼을 지향하는 것이 아니다. 그저 그 삶이 더 나에게 맞고, 내가 원하는 모습이고, 그에 수반하는 불편함을 기꺼이 감수할 각오가 되어 있기 때문이다. 나는 결혼하지 않기로 했다. 이것은 특별하거나 이상한 일이 아니며, 결혼할 자유만큼이나 중요한 '결혼하지 않을 자유'를 누리고 싶을 뿐이다.

결혼하지 않아도 될까요?

✦

결혼하지 않겠다는 나의 결정은 개인의 평생을 설계하고 유지해나가는 신념이 아니라, '괜찮은 남자를 만나면 바뀔' 변덕과 미성숙의 상징으로 받아들여졌다. 나는 설득과 회유의 대상이었고, 내 생각은 '아직 어려서' '뭘 몰라서' '아직 충분히 사랑한 적이 없어서' '진정한 사랑을 만나지 못해서' 비롯된 오류였다. 이러한 생각은 우리 사회가 결혼과 출산을 하지 않으려는 여성을 아직 뭘 모르는 이기적이고 철없는 존재로 몰아가는 관점과도 통한다. 처음에는 이해하는 것처럼 구는 사람들도 결국에는 나의 비혼주의를 원망하고 탓했다. 세상의 시선에서, 결혼할 생각도 없이 연애하는 나는 타인의 시간과 자원을 '갈취'하는 여자였다.

어쩌면 나에게 쏟아졌던 원망은 일부 맞는지도 모르겠다. 나는 충분히 사랑하지 않아서 '냉정한' 판단을 했다. 사랑보다 내

삶과 미래를 걱정하고, 신혼생활의 낭만보다는 개인의 노력으로
는 개선에 한계가 있는 결혼 제도 자체의 모순에 더 이입하는 인
간이었다. 아직도 가끔 나는 내가 평생에 걸친 결심을 버릴 만큼
누군가를 좋아하게 될까 봐, 그래서 이 사회가 반려자와 평생
함께하는 방식으로 유일하게 허용하는 결혼에 발을 담그고 싶
어질까 봐 겁이 난다.

동시에 나는 원망한다. 결혼 '적령기'라는 시기를 설정한 것,
여자만이 결혼에서 너무 많은 것을 잃는 것, 서로 다른 두 사람
이 함께 사는 형식이나 제도는 결혼이 유일하도록 세팅해놓고
그 외는 깡그리 지우는 것, 두 사람이 연애한 기간이 결혼하기에
적당한지 아닌지의 기준이 되는 것, 내가 결혼을 원하지 않는다
는 이유만으로 죄책감을 느끼게 되는 것, 그래서 욕먹거나 미안
해하면서 연애를 유지하거나 관계를 종료하는 선택지밖에 없는
것들을.

누군가에게는 가로막힌 결혼이라는 다리를 누군가는 등 떠
밀리거나 끌려서 건너간다. 결혼하고 싶은 이들은 누구나 자유
롭게, 성별의 제약이나 출산, 육아 등으로 인한 경력단절에 대한
공포 없이 결혼할 수 있어야 한다. 결혼한 이들은 역할이나 의무
에 얽매이지 않고 행복할 수 있어야 한다. 결혼을 원하지 않는
사람은 누구나 자유롭게, 비장한 결심 없이도 그 상태를 유지할
수 있어야 한다. 나는 결혼이 아닌 다른 형태의 결합이 더 다양
하고 풍부한 가능성으로 도래하기를 바란다. 내 비혼주의가 하
나의 온전하고 성숙한 선택으로 존중받기를 원한다.

2

비혼으로 살아남기

비혼과 불효의 상관관계

✦

우는 효녀는 될 필요가 없어요. 자기를 제물로 바치지 마.

(진송) 결혼 이야기를 할 때 가족의 압박을 빼놓을 수 없어요. 최근 방영한 JTBC 드라마 〈밥 잘 사주는 예쁜 누나〉의 여주인공, 35세 '진아'는 엄마로부터 결혼 관련해서 적나라한 잔소리를 굉장히 많이 듣거든요. 엄마의 그 태도가 딸의 생활을 뒤흔드는 수준이라 되게 공격적이고 모순돼 보이는데, 엄마의 그 모습이 실제 딸 가진 부모들의 태도와 비슷하다고 느끼는 경우가 꽤 많이 있더라고요. 선생님은 가족 내에서 결혼을 강요받지 않은 경우잖아요. 친구들에게 선생님과 비혼 관련 책을 만들고 있다고 하니까 "그분은 어떻게 결혼하라는 압박을 이겨냈대?"하며 궁금해했어요.

(애순) 비혼의 최고 적은 부모야. 그다음이 형제고. 비혼들이 가족한테 스트레스를 가장 많이 받아요. 오히려 남들의 시선은

중요치 않아요. 내가 혼자 산다는데 남들이 뭐라 그래. 내 인생 대신 살아줄 것도 아닌데. 어릴 때는 남의 시선에 신경을 많이 쓰게 되지만 나중엔 안 그래요. 근데 가족은 무시하기 힘드니까.

(전송) 예전에 명절날이면 가족끼리 인사말로 하던 "결혼 언제 할거냐"는 질문이나 참견을 거부하겠다는 선언도 늘고 있어요. '명절날, 이런 말은 하지 마라'라는 내용이 신문기사로 나오기도 하고.

(애순) 결혼 적령기가 된 사람에게 지나가는 말로 '결혼 언제 하냐'는 얘기를 많이 건네잖아요. 내가 일할 때는 연말쯤 되면 회사 사람들이 나한테 언제 국수 먹게 해줄 거냐고 그랬죠. 그럼 지금 당장 내가 국수 사준다고 같이 나가자고, 그렇게 눙쳐버렸어요.

(전송) 선생님처럼 그렇게 눙치고 넘어갈 수 있는 사람도 있지만 회사나 집안의 분위기, 또 개인의 성격에 따라 그게 힘들기도 하더라고요. 집안에서 푸시를 많이 하면 비혼을 생각하는 사람들은 기본적으로 굉장히 힘들어지는 것 같아요. 〈밥 잘 사주는 예쁜 누나〉에서 진아가 결혼을 앞두고 가족의 반대에 부딪히는데 연인에게도 가족에게도 자기결정권을 인정받지 못해요. 결혼을 하려고 해도 내 마음대로 선택할 수가 없는 거예요. 아이러니하게도 연인과의 결혼을 포기하고 부모님 집을 나와 1차 가족과

단절된 후에야 진아는 다시 본래의 자기로 돌아갈 수 있었죠.

애순   다시 말하지만 비혼에게 가장 큰 적은 부모예요. 예전엔 엄마들이 정말 그랬어요. 너 결혼 안 하면 내가 동네 창피해서 못 산다고.

진송   가족과 맞서면서 어떻게 비혼을 유지할 수 있을까 고민이 되는 지점이에요. 선생님의 경우 가족들이 지지해줬지만, 그렇지 않으면 가족들과 골만 깊어지면서 이러지도 저러지도 못하는 줄다리기 같은 상황이 계속돼요.

애순   비혼이라는 선택을 존중해주는 부모나 형제는 사실 별로 없어요. 가족들은 결혼을 기본값이라고 생각하고 계속 살아왔을 거 아니에요. 그걸 단번에 뒤집기보다는 일단 내 선택에 대해서 신뢰할 수 있도록 믿음을 심어주는 게 중요하다고 생각했고 그런 쪽으로 공을 많이 들였어요. '쟤는 자기 일 자기가 알아서 하니까 그냥 놔둬도 된다'라는 생각을 하게끔요. 그럼 못 살게 볶아치진 않더라고요.

진송   저는 선생님이 막내여서 비혼을 좀 더 쉽게 선택할 수 있었던 게 아닐까 하는 생각도 해요. 한 명 정도는 결혼에 구애받지 않고 키울 수 있다는 생각을 부모가 할 수도 있고요. 그런데 요즘엔 자녀가 하나나 둘이니까, 자식 입장에서는 결혼을 안 하면 우리 부모님에게 '자식 결혼'이라는 이벤트가 평생 없을 거라는 압박도 있어서, 부모님이 은퇴하기 전에 결혼해야 한다는 현실적인 고민도 꽤 커요.

애순 부모님 은퇴 전에 결혼해야 한다는 건 부모님 체면의 문제도 있지만 축의금이라는 현실적인 부분도 무시 못 하지.

진송 네. 그래서 비혼식이라는 말이 나오기 시작한 것 같아요. 사회적으로 결혼 시기에 대한 압박이 존재하는데 이럴 땐 어떻게 대처해야 할까요?

애순 결혼을 하느냐 마느냐에서 중요한 건 결국 '운'이 아닐까 싶어요. 결혼할 타이밍도 사람마다 시기와 운이 다르게 작용하고 누구한테는 그게 아예 없기도 하잖아요. 몇 달 만에 만나서 후딱 결혼하기도 하고 몇 년을 만나다 갑자기 헤어지기도 하고. 그렇게 불확실한 일인데 불안해해야 하나 생각해볼 필요가 있어요. 사회가 정해놓은 결혼 적령기가 꼭 자기한테 맞진 않는다는 사실을 받아들이면 좀 나아요.

진송 결혼 적령기라는 말 자체가 좀 우스워요. 옛날에는 16세였다가, 1990년대에는 여자들의 결혼 적령기가 20대 초중반이었다가.

애순　자기 인생 자기가 결정하는 거고, 불안은 어떤 선택을 하든지 따라온단 말야. 결혼 적령기에 결혼하면 불안이 사라질 거 같아요? 결혼했으니까 다른 불안이 생기지. 무리해서 어떤 기준에 맞출 필요 없어요.

진송　비혼이 불효로 여겨지는 건 결혼이 당연히 해야 하는 일로 여겨지기 때문이죠. 제가 요즘에 '억울함'이라는 감정에 대해서 많이 생각하는데, 남을 위해서 무리해서 무언가를 하면 자신의 선택에 책임지기보다 원망을 바깥으로 돌리기 쉽더라고요.

애순　불행한 효도는 효도가 아니라고 내가 늘 말하고 다녔으니까요. 난 결혼만 안 했다뿐이지 우리 어머니한테 얼마나 잘했는데.

진송　한편으로는 '좋은' 부모만 있는 게 아니니까요. 자식의 행복보다 자신의 체면이나 축의금 회수를 목적으로 결혼을 강요하는 부모라면 단호하게 '후레자식'이 되는 것도 필요하지 않을까요?

애순　후레자식이라니… 떽!

진송　표현이 너무 셌나요? 그럼 "불효녀는 이제 울지 않고 웃습니다".

애순 　결혼 안 하고 살면 어떤지 어머니들도 모르잖아. 부모를 설득하려면 혼자서도 잘 살고 행복한 모습을 보여주면 되거든요. 어릴 때 시골에 살면서 난 매일같이 서방이 각시 때리고, 바람 피우고, 밖에서 자식 낳아오고, 이런 걸 봤어. 그게 다 준비도 안 된 남자가 결혼하거나, 본인이 억지로 떠밀려서 결혼하거나, 부모가 마음이 급해서 아무 자리에나 딸을 '치운다' 생각하니까 그랬던 거지. 떠밀려서 결혼하면 잠깐은 효도하는 거 같지만 억지로 먹은 밥은 반드시 체해요. 그럴 바에는 눈 딱 감고 "나 혼자 잘 사는 거 보여드릴게요" 하는 게 낫지.

진송 　떠밀려서 결혼할 바에는 스스로 비혼을 선택하자.

애순 　그렇지. 어차피 살면서 속 터지는 일이 한두 가지가 아닌데, 떠밀려서 결혼한 인생이면 남이든 부모든 탓하게 된다고. 그게 정말 괴로워요. 나는 내가 결혼 안 하기로 한 거니까, 힘든 일이 있어도 '내가 안 한 건데 뭐 어쩔 수 없지' 하고 넘겼어. 우는 효녀는 될 필요가 없어요. 자기를 제물로 바치지 마.

너나 잘하세요

✦

선생님은 평생을 선생님의 모든 행동이나 발언을 '결혼 못 한' 원인으로 해석하려는 세상에 맞선 셈이네요.

진송 비혼으로 잘 살아오셨지만 선생님도 비혼을 예단하는 시선이나 말들에 상처를 받거나 마음이 약해질 때가 있을 것 같아요. 그럴 때는 어떻게 마인드컨트롤을 하셨는지 궁금하네요.

애순 속앓이를 할 때는 상대방이 나에게 인격적으로 모독을 한다든가 내 자존심을 상하게 할 때예요. 나는 일단은 받아치지 않고 참아. 그때 바로 욱하면 사달이 나더라고. 나중에, 좀 진정이 된 다음에 이래저래서 섭섭했다고 말을 하죠. 조근조근. 그러면 상대도 미처 몰랐다고 미안하다고 해. 바로 받아치면 감정 싸움으로 번져서 서로 상처를 주기밖에 더해?

진송 음, 선생님의 내공이 느껴지네요. 그래도 참지 말아야 할 때가 있잖아요. 언제 참고, 언제 단호하게 나가야 하는지 구분

하는 게 늘 너무 어려워요.

애순   화가 났을 때, 지금 내가 하려는 말의 목적을 잘 생각해 봐야 돼. 상대방에게 상처를 주고 싶은 건지, 문제를 해결하고 싶은 건지. 내 자존심이나 결정권을 지켜야 할 때는 화를 내더라도 확실히 의사 표현을 해야지. 그리고 애정 문제에서는 특히 단호해져야 하고. 내가 좋아하지도 않는 사람한테 여지를 남기면 골치 아파지거든.

진송   자신의 삶을 부정하거나 모욕하는 타인의 말에 일일이 상처받거나 일희일비하지 않는 태도도 비혼으로 살아가기 위해서 중요한 것 같아요.

애순   그럼. 남의 말 일일이 다 신경 썼으면 속 터져서 여태까지 못 살았지. 그리고 싫은 소리를 조금 참더라도 사람들과 관계를 잘 유지하는 게 사회적 재산이기도 하니까. 비혼 여성이 공격적인 태도를 보이면 바로 "쌈닭이다, 저러니까 결혼을 못 했지" 소리가 나와요.

진송   선생님은 평생을 선생님의 모든 행동이나 발언을 '결혼 못 한' 원인으로 해석하려는 세상에 맞선 셈이네요.

애순   나는 그냥 신경을 껐어. 나에 대해 이러쿵저러쿵하는 사

람이 내 인생 대신 살아줄 것도 아니니까. 넌 그렇게 잘나서 사
람한테 그런 말밖에 못 하냐, 너나 잘해라, 속으로 생각하고 말
았어.

저출생과 비혼혐오

✦

'비혼'이라는 말이 생기고 많은 여성들이 다양한 삶을 개척하는 동안에도 사회는 여전히 결혼을 중심축으로 두고 바뀔 생각이 없나 봐요.

(진송) 저출생 문제만 아니었으면 이렇게까지 비혼을 사회적 이슈로 다루지 않았을 거라는 생각을 해요. 비혼 비율 자체가 늘긴 했지만 결혼 시기가 늦춰지면서 같은 연령대에서 혼인율이 떨어지는 건 당연한 현상이잖아요. 또 남아 선호 현상과 성별 감별 낙태의 결과로 2030 여성의 수 자체가 적고요. 선생님처럼, 어느 시대에나 결혼을 안 하는 사람들이 있었지만, 출생율이 괜찮았던 그때는 '자유로운 신세대 소수'의 선택이거나 결혼시장에서 낙오한 루저들 정도로 지워버리더니, 이제는 비혼의 역습인 것처럼 호들갑을 떤다니까요. 시대별로 비혼을 바라보거나 규정하는 시선과 그 변화 양상을 체감하시나요?

(애순) 비혼에 대한 선입견이나 불편한 시선은 좀 달라지지 않았어요? 좀 더 중립적이 된 것 같던데. 내가 20~30대일 때는 언

론에서 딱히 비혼을 부정적으로 묘사하지는 않았지만 주위 사람들에게 직간접적으로 받고 듣는 시선이나 편견 어린 말들이 많았죠.

진송 예전보다 비혼이 가시화는 많이 됐지만, 결혼을 인생의 필수이자 통과의례로 생각하는 사고는 굳건해요. 여성운동 흐름에서 '비혼'이라는 말을 만들고 많은 여성들이 다양한 삶을 개척하는 동안 사회는 여전히 결혼을 중심축으로 두고 있으니까요.

애순 예전에는 결혼을 안 하겠다는 말 자체를 대놓고 하기 힘들어서 여론이 형성되고 말 것도 없었다는 생각이 드네요. 1960~1970년대에는 결혼이 늦어지면 부모는 물론 집안 친척 어른까지 나서서 성화였지. 결혼 안 한 친구들이 고향에만 다녀오면 며칠씩 우울해하고 그랬다니까.

진송 하긴 선생님도 딱히 비혼주의자라고 선언은 안 했다고 하셨죠.

애순 못 하고 말고. 지금은 그렇게 말하고 드러낼 수 있다는 거 자체가 나한테는 큰 변화로 느껴져요. 〈한국일보〉 인터뷰 때 비혼주의자랍시고 서른밖에 안 된 진송 씨가 총총 걸어오는데 웃음이 났다니까요.

진송 그런데 의외로 옛날에 혼자 사는 여성을 국가에서 관리한 기록이 남아 있더라고요. 최근 tvN 드라마 〈백일의 낭군님〉에도 나오는 소재인데, 결혼하지 않은 여자를 '원녀', 남자는 '광부'라고 부르면서 이들이 결혼할 수 있도록 정책을 펴는 거예요. 딸이 서른 살이 되도록 혼인을 안 하면 아버지가 관가에 끌려가서 곤장을 맞는데, 실제로 시행한 기록은 없다고 하지만 모르는 일이죠. 〈백일의 낭군님〉에서는 여자 주인공이 곤장을 맞다가 죽을 것 같아서 남자 주인공이랑 일종의 위장 결혼을 하거든요. 제가 강연 같은 데 가면 농담으로 그래요. "조선시대였으면 저와 여러분들의 아버지는 지금 곤장을 맞고 있겠죠?(웃음)"

애순 조선시대에는 여성들이 결혼을 해야 정상인 취급을 받을 수 있었으니까. 여성의 독립적인 삶을 보장하는 대신에 결혼으로 떠민 거잖아요. 지금은 그래도 일을 할 수 있으니까 많이 좋아졌다고 생각해요.

진송 요즘에는 결혼 관련해서 여성을 보는 시선이 굉장히 이중적인 양상을 띠어요. 지금 여성 청소년이 장래 희망을 '현모양처'라고 써서 내면 장난인 줄 알지만 어떤 직업을 가지든 결국 마지막에는 결혼, 아내, 어머니에 골인하기를 바라거든요. 여성 아이돌을 육성하는 어느 방송 프로그램에서 10대 소녀들을 장래의 현모양처로 호명하기도 했다니까요.

애순　나도 어디 가면 어머니나 아내로 보는 사람들이 있죠. 당연히 가정주부겠거니 생각하고 시작하는 대화도 있고, 자식의 존재를 전제로 깔고 이야기하기도 하고. 그럴 때면 나는 그냥 화제를 다른 곳으로 돌려버려요.

전송　기존의 편견이 결혼을 안 하는 사람들을 사회적 낙오자나 자유로운 독신주의자로 단순화했다면, 이제는 자기 삶이 우선이어서 결혼이나 출산과 같은 의무를 소홀히 하는 사람이나 '이기적인 요즘 것들', 이런 식으로 바라보는 차이가 있어요.

애순　예전에는 내가 큰소리쳤는데.

전송　어떻게요?

애순　내가 애국자라고. 사람들이 애를 많이 낳아서 나라에서는 그만 좀 낳으라고 난리법석인데, 나는 결혼도 안 하고 애도 안 낳으니까 애국자 아니냐고(웃음). 요즘에는 아이를 많이 낳아야 애국자고, 안 낳으면 역적이라면서요?

전송　하나만 낳아도 부족하다고 더 낳으라고 난리랍니다. 얼마 전 보건복지부에서 제작한 출산 장려 영상에서는 외동아이의 외롭고 쓸쓸한 장면을 보여줘서 엄마들의 죄책감을 자극해 논란이 되었죠. 같은 사람을 국가에서 필요에 따라서 이렇게 저렇게 라벨링하고, 평가하고, 차별하는 게 너무 부당해요.

애순　　정부 입맛대로 캠페인을 벌일 순 있지만 개인의 선택은 존중해줘야지. 내가 1990년대에 독신여성단체인 한마음회를 만들었을 때는 반응이 좋았어요. 언론 보도도 호의적이었고.

진송　　1990년대쯤에는 미디어에서, 가족드라마를 예로 들면 김수현 작품에서 결혼 안 한 여성들을 현대적이고 주체적인 여성상으로 많이 그렸잖아요. 교육을 잘 받았고 자기 삶을 스스로 개척하려고 하는. 물론 좀 깍쟁이라거나 이기적인 면을 부각했지만요. 그러다 출생율이 떨어지면서 비혼을 비난하는 양상으로 전개되죠. 그게 언제부터인지 찾아보려고 하니까, 신문 기사를 분석해서 우리 사회가 어떻게 저출생과 비혼을 연관 짓고 또 어떻게 부정적으로 평가하는지 쓴 논문*이 있더라고요.

애순　　그럼 확실히 비혼을 바라보는 시선의 변화 양상이 선명히 보이겠네요.

진송　　네. 1990년대에는 비혼이나 만혼 관련 기사가 한자리 수에 이를 정도로 적었지만 점점 늘어나더라고요. 2002년 출산

---

* 마지연, 〈비혼과 만혼晩婚의 사회적 담론 연구: 주요 일간지 기사 분석을 중심으로〉, 이화여자대학교, 2015.

율이 1.17을 기록하고 2003년부터 이 문제를 대대적으로 다루기 시작하면서 과거에는 기혼 여성의 출산에만 관심을 갖던 언론이 젊은 여성들의 비혼과 만혼에 초점을 맞추기 시작했다는 거예요. '골드 미스'나 '화려한 싱글'이라는 말이 등장한 시기이기도 하지만, '재앙' '위협' '쇠퇴' '파탄' '난민' '절박' '미래가 없다' '악순환' 등 부정적이고 위기감을 고조시키는 어휘를 사용하면서 비혼을 사회문제를 야기하는 주범으로 취급하기 시작해요.**

애순 내가 지금 한마음회를 만들었으면 욕 좀 먹었겠네요.

진송 환영과 비난을 동시에 뜨겁게 받았을 것 같아요. 예전에도 이렇게 사회문제와 비혼을 엮으려는 시도가 있었을까요?

애순 그때는 사회문제보다는 개인적인 것들을 비혼이랑 엮었어요. 저 여자가 남편이 없어서 저렇게 까다롭다, 결혼을 못 해서 심술궂다, 사랑을 못 받아서 저런다…. 지금은 비혼을 인정하는 사람들이 늘어나고 비혼을 긍정적으로 보는 개인들도 늘어나는 추세인데, 언론에서는 부정적으로 바라보는 경향이 강해지고… 예전이랑 꼭 반대네요.

진송 1990년대만 해도 비혼주의를 위협적이라고 판단하지

** 앞의 글, 2015, 60~62쪽.

않아서 언론 보도를 할 때는 오히려 재미있는 이벤트, 새로운 시대의 특이한 사람들 정도로 다뤘던 것 같아요.

애순   시혜적인 시선으로 본 거죠. 그래도 결혼 안 한 사람들을 이기주의자라고 혹평하는 거야 옛날이나 지금이나 똑같군요. 혼자 사는 게 왜 편하고 자유롭다고만 생각하는지 모르겠어. 남들하고 다르게, 튀는 삶을 선택한다는 건 감당해야 할 게 많거든요. 남의 삶을 그렇게 단순한 논리로 평가하면 안 돼요.

진송   그리고 사실… 편하려고 결혼하지 않는 게 왜 안 되는지도 모르겠어요. 누구에게나 개인의 행복추구권이 있잖아요? 편하려고 결혼 안 한다는 걸 욕하는 심리를 뒤집어보면 결혼하면 불편하다는 뜻인데, 자신에게 불리한 선택을 하고 싶지 않은 걸 왜 비난하는지 모르겠어요. 결혼이 불리한 선택이지 않도록 만들 생각은 안 하고.

애순   가끔은 진송 씨가 철저한 개인주의자라고 느낄 때가 있고 요즘 사람들은 이렇게 생각하는구나 좀 놀랍기도 해요.

진송   그런가요? 제가 되게 인상 깊게 봤던 표현 중 하나가 그런 거였거든요. 비혼은 단순히 결혼을 하고 안 하고의 문제가 아니라 결혼을 안 한 삶을 기본으로 두고 자기 생활이나 삶을 구성하는 거라는 말이요.* 단순히 어떤 삶에 무엇이 있는지 없는지 초점을 맞추는 것이 아니라 구성 방식 자체의 차이에 주목하는 관점이 신선했어요. 생각해보면 비혼은 늘 '결혼이 없는' 삶으로 규정되잖아요. 그거야말로 결혼을 기본값으로 두고 비교하고 차이점을 찾아내는 시도 같아서 어딘가 불만족스러웠거든요.

---

* 박수민, 〈비혼을 통해 본 결혼의 탈제도화와 문화적 영향력의 지속〉, 《가족과 문화》 제29집 4호, 2017.

조선시대의 비혼, 독녀

✦

실제로 이루어진 적은 없다지만, 조선시대에는 '처녀'가 특별한 이유 없이 서른 살까지 시집을 가지 않으면 그의 아버지를 태형에 처하도록 했다. 옛날이나 지금이나, 국가는 결혼이라는 그물에 국민을 가두려고 애쓰고 그 사이로 삐져나오는 우리 같은 망둥이(?)들도 있었던 모양이다. 조선시대에 태어났으면 지금쯤 우리 아버지는 관가에 끌려가서 감히 '과년한 딸년'을 시집 보내지 않고 놀린 죄로 곤장 맞고 있겠지. 그렇다면 위장 결혼을 감행했을지도….

조선시대에는 '나이 들었으나 남편과 자식이 없는 여자들'을 '독녀'*라고 불렀다고 한다. 과부와 혼용되어 쓰이기도 했지만 구별되는 존재였던 독녀는 국가의 특별 관리대상이자 '불성인:

---

* 정지영, 〈조선시대의 외람된 여자 '독녀'〉, 《페미니즘 연구》 15, 2016.

온전치 못한 존재'로 불렸다. 조선시대의 독녀는 연약하고 불쌍한 타자로 여겨졌지만, 국가의 뜻대로 피해자로만 남지는 않았다. 참고한 논문을 읽어보면 우리의 상상보다 훨씬 더 세심하게 조선이라는 국가가 이 '불성인'들을 돌보고, 때로는 그들과 충돌했음을 알 수 있다. 독녀가 먹고 살기 어렵다고 호소하면 국가에서 나서 이를 해소해주거나 세금을 면제해주고, 독녀가 아이를 데려다 키우면 지원해주기도 했다. 독녀들은 죄를 지어도 그 죄를 물을 남성 소유주가 없었고, 상대적으로 처벌을 피해가거나 가볍게 받았다. 독녀들은 강력하게 처벌받지 않는 자신들의 정체성을 이용하여 금주령을 어기고 술을 만들어 파는 위반 행위를 하거나 왕에게 직접 자신의 억울함을 호소하는 '외람'된 행위를 하기도 했다.**

이러한 사례들은 가부장제가 혼인 제도 바깥의 여성을 감시하고 보호하는 동시에, 단속과 통제에 실패하기도 하는 균열을 보여준다. 여성들을 오로지 남성 보호자, 혹은 배우자에게 종속되는 존재로만 보았던 조선시대의 가부장제는 이 '남자 없는 여자' 때문에 꽤나 혼란스러워한 것 같다.

여성이 개인보다는 가족과 같은 공동체의 일원으로 존재하던 시대. 지금보다 훨씬 더 강력하게 여성을 '딸-아내-어머니'라는 틀에 구겨 넣던 때에조차 그 테두리 바깥으로 삐져나온 여성들이 있었다는 사실은 흥미롭다. 우리나라에서는 퓨전 사극에

** 같은 책.

서조차, 심지어 타임 워프를 해서 조선시대로 간 현대 여성마저도 연애하고 결혼하잖아요?

조선시대의 독녀를 지금 시대의 비혼 여성과 동일한 층위에서 볼 수는 없겠지만, 이 이질적인 가능성은 존재 자체로 소중하고 의미 있다. 비혼이라는 삶의 모습이 과거에 없었던 것이 아니라, 엄연히 존재하는 삶을 없는 것처럼 지웠던 규범과 억압이 있었을 뿐이라는 사실을 확인할 수 있으니까.

독녀들은 자료 속에 단편적으로 등장하지만 오늘, 지금 여기의 비혼 여성들은 스스로 말하기로 마음먹었다. 기록되는 대신 기록하기로 했다. '불성인'이 아니라 결혼하지 않아도 성숙하고 독립된 한 명의 성인으로서, 국가가 각종 권리를 볼모로 결혼을 강요하는 불합리에 저항하기로 했다.

수녀는아무나 하나

✦

비혼 여성을 곧장 여성 종교인과 연관 짓는 관습적 상상력은 우리 사회가 그만큼 여성이 혼자 살아가기 어렵다는 걸 의미하는 것 같아요.

애순 　내가 두 번째 책에 "신부 수녀는 아무나 하나"라는 제목으로 수녀원에 다녀온 이야기를 썼어요. 내가 원래 사회복지 분야의 공무원을 했고, 국회비서관 시절에도 우리 의원에게 보건복지위원회를 하도록 권유해서 3선 내내 그쪽으로 활동하도록 추진했거든. 그러다 보니깐 나중에 사회복지사업을 하고 싶다는 생각을 하게 됐는데, 모아놓은 돈이 있나 자금을 대줄 다른 가족이 있나… 그때 수녀원에 들어가서 2, 3년 동안 수련기간 끝나면 사회복지회관을 운영할 수 있도록 해주는 경우가 있다는 말을 듣고 바로 수녀원에 들어갔어요. 1997년이었네.

진송 　50세가 넘으셨을 때네요? 그 연령대에도 수녀원에 들어갈 수가 있어요?

애순　　그러니까 나는 특별한 케이스였죠. 보통은 어릴 때 들어가니까. 들어갔더니 20대가 대부분인데 세상에 나보다 다 선배야. 내가 깍듯이 인사하고 순종해야 했어요. 서로 자매님, 자매님하고.

전송　　만학도도 아니고, 뭐라고 해야 하죠? 만… 수… 도? 만수녀? 어떻게 불러도 이상하네요.

애순　　내가 여기서 견딜 수 있을까 없을까 고민을 많이 했어요. 게다가 거기서는 저녁 9시에 소등을 하는데, 안 자고 있으면 수녀님이 순행하다가 혼을 내요. 자다가 화장실을 가려 해도 소리 내지 않고 숨죽이며 다녀와야 하고, 아침부터 저녁까지 밭일하고, 매점에서 팥 빻고 메주 만들고, 식당에서 묵 썰고… 쉴틈이 없었어요.

전송　　굉장히 중노동인데요? 사람들이 수녀원이라고 하면 평화롭고 조용한 이미지를 상상하는데 정반대네요.

애순　　하루에 순례객들이 500명, 1000명씩 오는데 수녀님들 10여 명이 그 상대를 다 했어요. 저녁이면 다리가 아파서 잠도 설칠 정도였죠. 수련이라기엔 강도가 너무 셌어요.

전송　　성직자들도 넓은 의미로 보면 비혼에 해당하는데 그분들의 삶에는 또 그런 고난과 인내가 있네요.

애순 순수한 마음이면 좀 견뎠으려나. 나는 다른 목적이 있어서 그런지 너무 힘들더라고. 좀 순수하지 못했어.

진송 야망의 수녀 꿈나무셨으니까요. 선생님은 늘 자유를 추구하면서 살아오셨는데, 갑자기 최강의 적수를 만나버린 느낌이었겠어요.

애순 수용소 같았어요. 매일매일이 참는 일의 연속인 곳이지. 특히 나는, 나이도 많고 특수한 케이스로 들어왔으니까 다른 사람의 본보기가 돼야 한다는 강박관념이 있었어요. 스트레스가 얼마나 심했는지 급성신우신염에, 위염까지 생겨서 결국 수녀원을 나왔어요.

진송 얼마나 있으셨어요?

애순 두 달 정도요. (웃음) 체면이나 자존심이 아니었으면 더 빨리 나왔을 거예요. 수녀원 간다고 일도 그만두고 동네방네 소문은 다 내놨는데, 이렇게 나가면 체면이나 자존심이 뭐가 되나 싶어서 못 나가겠더라고. 그리고 다른 수녀님들도 나한테 기대를 많이 했거든요. 내가 잘 해야 다음에 나이 든 사람이 와도 받아줄 거라는 책임감 같은 것도 있었고요. 그런데 더 버티자니 숨이

턱턱 막히고, 이러지도 저러지도 못한 채 아주 괴로웠어요.

(전송) 되게 의미심장한 에피소드네요. 사실 조선시대에도 결혼하지 않은 여성들이 불교나 도교 등의 종교에 귀의하는 경우가 많았거든요. 비혼 여성을 곧장 여성 종교인과 연관 짓는 관습적 상상력은 우리 사회가 그만큼 여성이 혼자 살아가기 어려움을 의미하는 것 같아요. 선택의 폭이 너무 좁은 거죠. 선생님도 크게 보면 경제적인 문제와 노후 계획 때문에 수녀원을 선택하신 셈이고요.

(애순) 그 두 가지 이유 때문에 수녀원에 들어가는 사람들이 꽤 많죠. 나는 복지사업을 하려는 목적이 더 우선이었지만.

(전송) 자유롭고 싶어서 결혼을 선택하지 않으신 선생님이 수녀원에 가신 것은 의외긴 해요. 선생님에게는 결혼보다는 수녀원이 더 거부감이 없었나 봐요?

(애순) 복지사업 하고 싶다고 하니까 결혼하라는 권유를 많이 받았어요. 남편이 생기면 자금을 융통하기도 쉬워진다고. 그런데, 어떤 목적을 갖고 결혼했다가 잘 안 되면 어떡할 거예요. 무를 수도 없고. 수녀원은 나 혼자 가는 거니까 훨씬 부담이 덜했어요. 그렇게 힘들 줄은 몰랐지만…. 한 번은 그냥 죽으려고 혼자 차 몰고 나갔다니까요. 다 같이 메주 만들러 외부로 트럭을 타고

가는 일정이 있었는데 내가 운전하겠다고 했어요. 트럭은 처음 몰아봤는데, 운동장 두 바퀴 도는 걸로 연습을 끝내고 바로 출발했죠. 같이 타고 간 수녀님들을 다 내려주고 나서 차가 펑크났으니 고치러 가야겠다고 속인 뒤 혼자 빠져나와서 일을 실행하려 했지요.

진송 그런 생각까지 하셨다니… 어떻게 마음을 바꾸신 거예요? 특별한 계기가 있었나요?

애순 트럭의 콘솔박스를 열어 보니까 당시 인기 드라마 〈모래시계〉 배경음악 카세트테이프가 있더라고. 그 음악이 아주 장중하고 멋있잖아요. 러시아 가수 이오시프 코프존이 부른 〈백학〉. 그걸 딱 듣고서는 내가 죽지 말고 살아야겠다는 삶의 의욕이 샘솟더라고요. 그때 그 드라마 인기가 어마어마했어요. 장사하는 사람들도 그거 보려고 저녁에 가게 문 일찍 닫고 들어가고, 드라마가 방영하는 10시에는 길에 택시도 잘 안 다녀서 '귀가시계'라고도 불렸지.

진송 어떻게 보면 다음 화를 보고 싶어서 살기로 결심하셨군요.

애순 드라마를 떠올리면서 인간의 희로애락과 인생에 대해서 다시 생각하게 됐다고 할까요.

진송 삶의 의욕이 떨어질 때 좋아하는 것을 항상 가까이 둬야겠네요. 심리적으로 위험한 상태에 처했을 때 스스로를 붙잡아줄 수 있도록. 그러고 보니 선생님의 삶에서 위기가 두 번 왔네요. 조카들 은행 빚보증 때문에 수중의 돈을 모두 날리셨을 때랑, 수녀원에 있을 때 중 언제가 더 힘드셨던가요.

애순 수녀원이 더 죽고 싶었지.

진송 세상에, 수녀원이 더. 저는 시도도 못하겠어요.

애순 수녀원 갔다가 견디지도 못하고 그냥 나왔다는 소문이 날 걸 생각하면 내 체면이 뭐가 돼. 이제까지 쌓아놓은 나의 이미지는 어떻게 되고! 나는 싫은 소리 듣는 걸 제일 못 견뎌요. 그런 비난을 들을 바에는 죽는 게 낫다고 생각했어요.

진송 자존심이 중요하다고 자주 말씀을 하셨고, 그런 마인드 때문에 위험한 생각까지 하신 건데, 결국 선생님을 지켜준 게 그 자존심인 것 같기도 해요. 이 이야기를 들으니 선생님의 대쪽 같은 성정이 실감 나요. 제도나 인식이 미비하던 때에 선생님이 꽉 부여잡고 오신 동아줄 하나가 바로 자기 존엄에 대한 신뢰, 자존심, 품위에 대한 책임감이잖아요. 매력적이고 드문 성격이지요. 요즘 말로는 멘탈, 자존감이고.

애순 어떻게 보면 매사에 체면 구기지 않으려고 과민적인 행동을 보인 면도 있었던 것 같아. 편하고 자유롭게 산 것만은 아니지. 모난 돌을 정 때리는 게 한국사회니까. 비혼으로 살면 조금만 눈 밖에 나도 구설수에 오르거든요. '저 여자 어떤 여자야' 하며 험담과 함께 손가락질할까 싶어서 굉장히 조심하면서 살아왔어요. '그냥 까짓것 나 사는데 누가 뭐라고 하든 내 마음대로 산다.' 그게 아니고 사회성 유지, 도덕규범 준수, 가족 내 지위 확보 또 지인이나 친구지간 신의 등에 대해서 세심하게 신경을 썼어요.

진송 사회적으로 소수자들은 자신의 도덕적 무결함을 증명해야 된다는 요구가 있잖아요. 그렇게 모범 시민으로서 흠결이 없어야만 그나마 인정을 받을 수 있으니까요. 이제 저는 평범한 사람들도, 뛰어나지 않은 사람들도 비혼으로 무탈히 살 수 있는 사회를 원해요. 개인의 역량이 삶을 좌지우지하지 않는 안전망이 갖춰진 사회를요.

강해져야 했던 김애순,
강하지 않아도 괜찮기를 바라는 이진송

✦

SNS에 도움을 요청하는 글을 올리면 실시간으로 조언을 많이 해주거든요. 익명의 단발적 조언이나 도움을 통해서 위기를 헤쳐나가기도 해요.

진송 선생님은 사회에서 서비스를 이용할 때 비혼이라서 불이익을 당하신 경우가 있을까요? 병원에서 보호자가 없어서 불편하셨다든지요.

애순 내가 다행히 큰 수술을 받거나 한 적이 없어요. 보호자를 부르라고 하면 혼자 사는데 누굴 부르냐고 병원비 안 낼까 싶어서 그러냐고 해버리죠. 통장 가져올 테니까 걱정하지 말라고요. 이번에 다리가 아파서 수술하고 요양병원에 입원한 게 살면서 제일 오래 병원 신세를 진 일이었네요.

진송 저희는 집에 인테리어 공사를 할 때 업자들이 바가지를 씌웠는데 결국 아버지가 싸우고 나서야 해결이 됐거든요. 어머니는 도저히 그들 상대가 안 되더라고요. 그런 걸 보면서 저는 선생님처럼 강단이 있거나 뚝심이 있지 않은데 불이익을 받으면 어떡해야 할까 고민이 많이 돼요.

애순　그럴 땐 정말 친척 중 누군가라도, 남자 친구나 직장 상사라도 오라고 해야 돼. 나는 길에서 나 때문에 다쳤다고 시비가 붙었을 때 혼자서 이길 자신이 있어서 아무도 부르지 않았는데, 결국 보험 처리를 해줘야 했지.

전송　남편이 있든 없든 시민사회의 일원으로 안전하게 살 수 있어야 하는데. 사회가 안전 비용을 지불하는 대신, 여성의 안전을 남편에게 아웃소싱하는 것 같아요.

애순　남편이나 자식이 여자의 울타리라고 하잖아.

전송　저희 세대는 위기가 닥치면 익명의 자기편이라도 만들어서 힘을 얻으려고 하거든요. 제가 길을 가다 술 취한 사람한테 폭행당했을 당시에 전 스마트폰을 안 써서 그럴 수 없었지만 SNS에 그런 일을 당했다고 도움을 요청하는 글을 올리면 실시간으로 조언을 많이 해줘요. 절대 선처해주지 말고 형사가 자꾸 좋게 좋게 넘어가자고 회유를 하면 형사를 바꿔달라고 요구하라는 등 정보를 줘요. 익명의 단발적 조언이나 도움을 통해 위기를 헤쳐가는 경우도 꽤 많이 있죠. 저는 남편이 없으니 그런 도움과 전문적인 정보로 무장해야 하지 않나 생각해요.

애순 그래도 첫째는 자기가 강해지는 거야. 혼자 살 때 나를 지키는 건 나란 말이야. '저 사람은 바보야, 이용해도 돼, 만만하지', 이런 인식을 갖게 하면 안 돼요. 혼자 살수록 강하게 보여야 해. 난 직장에서도 항상 부조리를 못 참았고, 윗사람에게도 할 말은 했고, 약자의 편에 섰거든.

전송 강한 것과 약한 것의 조화를 통해 탄성 있는 삶을 살아야 할 것 같아요. 선생님에게 봉사활동을 좋아하시고 아이들을 사랑하시는 따뜻한 모습과 공익을 위해 끝까지 투지를 불사르는 면이 공존하는 걸 보면서 그렇게 느껴요.

비혼과 기혼의 이분법을 넘어서

✦

혼자 있는 개인이면서 동시에 연결되어 있는 상태가 중요하다

전송 〉 선생님은 비혼들이 가족구성원 안에서 적극적인 역할을 하길 바라시는 것 같은데요. 가족 간의 갈등에도 적극적으로 나서 봉합하기를 권하시고요. 비혼들이 기혼자들과 함께 결혼을 지금보다 좀 더 나은 선택지가 되도록 할 수 있는 실천이 있을까요?

애순 〉 비혼으로 살다 보면 결혼을 안 하더라도 주변 사람들을 통해 결혼생활을 간접 체험하게 돼요. 특히 고부갈등에 대해 많이 들었지. 나도 며느리를 겪어보진 않았지만 집안에 언니나 동생들을 보면서 고부관계가 이렇구나, 이런 점은 부당하구나, 그런 생각을 했죠.

전송 〉 그럴 땐 어떻게 하셨어요? 부당한 걸 느끼셨다면 못 참

으셨을 거 같은데요?

애순 우리 가족의 문제니까 나는 중재하려고 했어요.

전송 상당히 적극적인 행동이네요. 아무리 친인척 간이라도 갈등 상황에서는 당사자들 간의 문제라고 생각하고 끼어들지 않는 경우가 많잖아요.

애순 예를 들어 집에 어머니와 올케가 있다. 그러면 나는 얘기를 들어보고 올케를 좀 이해하려고 해요. 고민 없이 혈육 편을 드는 건 위험하거든. 객관적으로 판단하기도 어렵고… 또 며느리가 자기편이 없다고 느끼면 좌절하잖아.

전송 균형을 맞춰주는 거군요. 저희 집이 3녀 1남이에요. 그래서 사람들이 제 남동생은 누나가 셋이니까 결혼 못 할 거라고 많이 놀려요. 남동생이 결혼을 할지 말지는 알 수 없고 그 애의 선택이지만, 만약 결혼을 한다면 저도 선생님처럼 균형을 맞추는 역할을 해야겠다고 생각해요.

애순 그렇지. 그럼 그제서야 가족 간에 대화가 되는 거야. 올케가 나한테 하소연을 하기도 하고. 그 이야기를 다 듣고, 이제 어머니 입장도 들어보는 거예요. 친구들이 고부갈등을 겪으면 다 나한테 상담해. 결혼도 안 했으면서 어떻게 그렇게 잘 아냐고 하는데 상식적으로 접근하면 간단하거든. 매일 보는 사이에 갈등이 생기면 제3자가 다른 관점을 제시하거나 생각을 환기시키는 게 도움이 돼요.

(진송) 저도 친구들이랑 결혼생활에 대해서 이야기를 많이 해요. 주로 남편과의 소통 방식이나, 시어머니의 부당한 처우가 화제죠. 꼭 결혼을 해야 결혼 내부의 문제를 이해하고 공감할 수 있는 건 아니거든요. 결혼한 사람들끼리도 입장이나 가치관이 다 다르니까 결혼한 사람만 기혼을 이해할 수 있다는 건 성급한 생각이죠.

(애순) 결국 비혼들도 다 사회 경험이 있는 사람들이거든. 충분히 중재하거나 문제 해결에 기여할 수 있어요. 결혼 여부로 누군가를 격리시키고 고립시키는 건 좋은 선택이 아니야. 친한 동생들이 내 말을 잘 따르는데 그건 내가 먼저 동생들을 존중하기 때문이거든. 중재를 해서 관계를 개선시키려고 할 때, 나랑은 다른 상황에 처한 사람이니까, 일단 인격적인 존중을 하면서 끼어들어야죠. 그것부터 시작하면 "결혼도 안 한 주제에, 알지도 못하면서"라는 소리를 듣지 않아요.

(진송) 선생님의 비혼 철학은 '혼자 있는 개인이면서 동시에 연결되어 있는 게 중요하다' 같아요. 친구나 가족과 항상 연결되어 있고 사이좋게 지내는 상태를 중요하게 생각하시는?

애순　　사람은 혼자서는 살 수 없어. 결혼을 안 해서 남편이 없다뿐이지, 그렇다고 다른 관계가 다 끊어지나? 그건 아니거든. 나는 집안에 무슨 일이 있으면 내가 조정을 잘 하고, 친구들한테도 무슨 일이 생기면 바로 쫓아간다고.

진송　　혼자 살되 고립되지 않도록. 밑줄 그어야겠네요.

애순　　나는 친척들이랑도 관계를 유지하려고 애썼어. 어머니가 돌아가신 다음에도 이모를 찾아뵀어요. 다른 친가 쪽 사람들은 어머니가 돌아가시니까 이모들하고 관계가 소원해졌지만. 이모가 나를 보고 좋아하시니까 내 마음이 편하더라고.

진송　　음, 그런데 가족 문제에 대해서는 저는 좀 반대로 생각해요. 오랫동안 아동학대나 가정폭력 같은 문제들이 "가족이니까"라는 말 때문에 은폐되었잖아요. 가족이어도 그 관계가 해로우면 언제든지 끊을 수 있어야 한다, 가족들도 서로에게 개입하지 않고 각자의 삶을 사는 게 좋다, 모두 온전한 개인이 되어야 한다, 그렇게 생각해요.

애순　　진송 씨는 너무 극단적이야.

진송　　중간이 없는 여자~.

애순　나는 옛날 사람이라서 그런가 그래도 가족이 중요해. 지인들과도 가급적 좋은 관계를 유지하면 마음이 풍요롭고. 내가 불행한 일을 당했을 때 도움도 받을 수 있지.

진송　관계 속의 존재로 살아가는 게 중요하다는 말씀이군요.

애순　곁에 사람을 두는 게 중요해요. 특히 결혼을 안 하면 나이가 들어서 부모님이 돌아가신 뒤에는 가족이 사라지는 거예요. 가족이 없다는 거, 이게 막상 겪어보면 생각보다 막막하더라고. 그래서 나는 친척들하고도 연락을 유지해서 나의 존재를 어필하고, 내가 무슨 말을 할 때 친척들이 긍정적으로 받아들이도록 애썼죠. 나한테는 그게 기쁨으로 돌아와요. 특히 친척들 간에 중재자 역할을 할 땐 결혼해서 자식 키운 것보다 나은 일을 한 것 같고.

진송　곧 조카분 아들 결혼식에도 참석한다고 하셨죠. 가까이 지내면서 관계를 맺는 게 꼭 남편이나 자식일 필요는 없다는 것. 선생님은 친척 간의 관계에 몰입하고 거기서 정서적 안정을 얻으셨네요.

내 돈을 떼어먹은 자는 죽음을 먹게 된다

✦

금요일에는 돈 없어서 죽을 것 같았던 사람이 주말 지나고 월요일에는
또 멀쩡히 살아서 돌아다닌다는 걸 기억해둬요.

진송 선생님 책을 보니 조카한테 은행 빚보증을 잘못 서주었
다가 크게 경제적인 손실을 입은 적이 있으셨더라고요.

애순 친구한테도 한 번 당했지.

진송 선생님이 사람을 좋아하고 관계를 중시하는데 그런 마
음을 이용했나 봐요.

애순 아무래도 결혼을 안 해서 대거리해줄 남편이나 자식이
없으니까 쉽게 생각했던 것 같아. 남편 앞세우고 빚 받으러 오면
안 주기가 힘들거든. 그런데 내가 아무리 화를 내도 돈을 안 내놓
는 걸 보니 여자가 그러는 건 별로 무섭지가 않나 봐. 혼자 사는
여자를 만만하게 보고 그 사람 돈 좀 떼어먹어도 크게 추궁당하

지 않을 거라고 단정해버리니까 비혼은 절대로 큰돈 빌려주면 안 돼요.

진송 　그래도 선생님이 돈을 빌려줬을 때는 나름대로 그 사람을 신뢰했을 텐데요.

애순 　믿을 만한 사람들이었죠. 난 약속을 중시하거든. 사람이 좀, 길이 아니면 가지 말고 사람이 아니면 상대를 하지 말아야 한다는 주의야 나는. 그래서 더 상처를 받았지. 내가 이제 융통성을 발휘하지 않는 부분이 바로 돈 문제예요. 처음에는 마음이 약해서, 사정이 딱해 보이니까 빌려줬다가 된통 당하고 정신 차렸지. 이제는 굶어 죽는다고 해도 안 빌려줘.

진송 　개그우먼 김숙도 그런 이야기를 하더라고요. 혼자 사는 여자는 절대 소득을 공개하면 안 된다고. 그럼 혼자 사는데 돈 쓸 일 없지 않냐면서 별의별 사람들이 빨대 꽂으려고 한다고.

애순 　그런 상황이 발생하지 않도록 돈 빌려달라는 사람이 굶어 죽기 직전까지는 돈을 빌려주면 안 돼요. 금요일에는 돈 없어서 죽을 것 같았던 사람이 주말 지나고 월요일에는 또 살아서 돌아다닌다는 걸 기억해둬요.

진송 　외우겠습니다. 계속 시뮬레이션 해봐야 할 것 같아요.

누군가 돈을 빌려달라고 했을 때 단호하게 거절할 수 있게요.

애순 돈 빌려달라는 말에 취약하고, 내 돈 돌려달라는 말을 강하게 못 하는 게 혼자 사는 사람의 약점이야. 처자식이 있으면 거기 들어갈 돈이 급하니까 기어코 빚을 받아내려고 하지만 부양할 가족이 없고 큰돈이 아니라면 '까짓것 또 벌지' 이렇게 생각하게 되거든.

진송 빌려준 돈이 나만이 아닌 가족의 생계와 직접 연관되면 행동력이 달라지긴 하겠어요.

애순 혼자 살 때 중요한 건 어려움에 대처하는 마음이에요. 정신력이라고 해야 하나. 그 멘탈이라는 걸 강하게 다져놔야지. 준비를 많이 해야 돼. 결혼을 하면 동반자가 있으니까 답답하면 배우자에게 하소연을 하거나 협력해서 일을 처리할 수도 있잖아. 그게 부러운 적은 없었는데, 힘들 때 하소연할 대상이 없다는 게 좀 외로웠어.

진송 선생님은 친구분들이 많잖아요. 그분들이 의지가 되진 않던가요?

애순 아주 친한 친구한테 이야기는 했지. 그런데 조카 관련된 일은 책에서 처음 밝힌 거예요. 집안일은 이야기해봐야 나만

손해인 경우가 많거든요. 털어놓으면 마음이 좀 가벼워지긴 하는데… 그래도 나는 대체로 혼자 해결해왔어. 떠벌리고 다녔다가 괜히 소문날까 봐. 그건 또 그거대로 내 자존심이 용납하지 않는 일이니까.

전송 하긴 살다 보면 남들한테 굳이 이야기하고 싶지 않은 일들이 많아요. 아무리 사랑하는 가족이나 애인이라고 해도. 의지할 수 있는 것과 별개로, 자기가 온전히 감당해야 하는 자기 몫의 무게가 있죠.

애순 어쨌든 일단 돈을 빌려주기로 결정했으면 상대방한테 강하게 굴어야 해요. 다른 사람 돈은 떼먹어도 쟤 돈은 못 떼먹겠다. 떼먹다간 큰일 나겠구나 싶은 인상을 팍팍 주는 거야. 차용증 공증받고 강하게 법으로 해결해야 해. 서류를 갖춰놔야 쉽게 딴 생각을 안 하거든. 고소할 상황이 생길 수도 있으니까. 사람들이 제일 쉽게 생각하는 게 부모 돈이랑, 결혼 안 한 여자 돈이에요. 다 자기 돈인 줄 안다니까. 그런 생각들과 혼자 싸우기가 참 힘들었지.

결혼 안 하면 외롭다? 그거 다 뻥입니다

✦

요즘 비혼 여성들도 안전과 경제적인 부분까지 고려한 공동 주거를 꿈꾸는데 이게 30년도 더 된, 나름대로 역사가 있는 꿈이었군요.

(진송) 요즘 비혼을 결심한 젊은 여성들이 공동주택 같은 곳에서 함께 사는 걸 꿈꾸고 있어요. 선생님이 1980년대 독신 클럽(육친회)을 조직해서 쉼터를 만드셨던 일은 젊은 비혼들이 막연하게 상상만 하는 것이거든요. 공동 공간을 운영하는 일을 어떻게 계획하고 실천까지 하셨는지 궁금해요.

(애순) 그때는 카페 같은 공간도 많이 없었고, 여자들끼리 모여 있으면 별로 좋은 소리를 못 들었어요. 마음 편히 우리끼리 있을 곳을 만들어보자 해서 모아둔 돈으로 컨테이너 두 동을 옮겨놓은 거지. 땅도 지인이 제공해줬어. 20여 년 전인데, 500만 원 정도 들었나? 그 아지트는 내가 다 관리했어요. 난 거기가 직장에서도 가까워서 주중에도 갔고. 회원들은 일하다가 알게 된 골드미스들이었는데 친구처럼 지냈지만 연령대는 차이가 있었어요.

진송 아예 외부와 독립된 공간을 만드신 거네요. 내부 구조는 어땠나요? 제가 다 상상이 되고 그래요.

애순 주방이 있어서 밥은 해 먹을 수 있었지. 그 외 나머지 공간은 가구 없이 빈 상태로 뒀어. 사람이 얼마나 모일지 모르는데 비좁으면 안 되니까. 여럿이서 모여 앉거나 이불 깔고 잘 수 있을 정도였어요.

진송 만나서 주로 뭘 하셨어요? 요새는 여럿이 모이면 같이 할 게 많은데, 그때는 스마트폰도 없고, 음식 배달도 잘 되지 않았을 테고. 여러 가지 여건이 좋지 않았잖아요.

애순 육친회 멤버들과는 주말이면 쉼터에서 만나 고기를 구워먹고 나서 정치면 정치, 문화면 문화 이렇게 주제별로 얘기를 많이 했지. 나중에 1990년대 한마음회에서는 단체로 여행을 가거나 영화나 연극을 보고 전시회도 관람하고 그랬는데, 그 쉼터에서는 굳이 뭘 하려고 하지 않았어요. 여럿이 만나서 꼭 무얼 하는 게 아니더라도 있고 싶을 때 멤버 누구라도 거기 가 있으면 되는 거였지.

진송 살롱처럼 운영을 하신 거네요? '자기만의 방' 같기도 하고요.

애순　그렇지. 일단 모이면 정치 얘기를 주로 했는데… 결혼 안 하겠답시고 모인 사람끼리 정치성향은 또 서로 달라가지고, 고성이 오가고 싸우고 막 그랬어(웃음). 재미있었지.

진송　여자들끼리 모여 있을 때 그런 독립된 공간이 없으면 귀찮은 일이 많이 생기잖아요. 남자들이 집적대기도 하고요.

애순　요새도 그렇게 뭘 같이 먹자고 찾아오나? 난 그런 게 아주 귀찮고 싫더라고. 육친회 쉼터에 있으면 그런 일도 없고 편하고 좋았지.

진송　그곳은 얼마나 운영하신 거예요?

애순　정확히 기억은 안 나는데 몇 년 정도는 유지가 잘 됐어. 그런데 각자 생활이 바쁘고 사정이 생기다 보니까 하나둘씩 떠나더라고. 결국 나 혼자 남게 돼서 그냥 정리했어. 특별히 문제가 있었던 건 아니었고, 멤버들이 죽거나 외국으로 이민을 가기도 해서.

진송　그 쉼터에서 뭔가 다른 '작당' 같은 게 벌어지진 않았나요? 선생님이 1990년대에 만든 독신여성단체랑 관련이 있다거나.

애순　직접적인 관련은 없지. 육친회는 순전히 친목 단체였으니까…. 그래도 그때부터 비혼 여성들과 모여서 이야기를 나누고, 함께 살고, 그럴 공간을 마련하는 것에 관심이 많았던 셈이에요.

(진송) 육친회 모임이 선생님에게 특별한 경험과 기억을 선사했고, 그래서 1990년대에 독신여성단체까지 조직하기로 마음먹게 됐던 거군요.

(애순) 맞아요. 처음에는 뭐든지 가볍게 재밌자고 시작하지만 진지해지면 판이 커지는 법이야.

(진송) 요즘 비혼 여성들도 안전과 경제적인 부분까지 고려한 공동 주거를 꿈꾸는데 이게 30년도 더 된, 나름대로 역사가 있는 꿈이었군요. 꼭 같이 살지 않더라도, 저는 선생님의 컨테이너처럼 따로 또 같이 머물 수 있는 장소를 만들고 싶어요.

(애순) 만들면 초대해주나?

(진송) 아, 선생님은 VVIP죠~!

불온한(?) 비혼 여성들

✦

내 책을 부모님 몰래 이불 속에 숨어서 보고 그랬다는 거 아냐.

(진송)▷ 1990년대에 만드신 독신여성단체 한마음회 이야기를 좀 해볼까요. 국내 최초였죠? 처음이다 보니 이것저것 신경 써야 할 점이 많았을 것 같아요. 가입할 수 있는 비혼 여성의 자격 조건이 따로 있었나요?

(애순)▷ 범위가 좀 넓었어요. 그땐 비혼이라는 말도 안 썼고 독신이라는 말이 단체명에 들어가니까 말 그대로 혼자 사는 여자들 위주로 모집했거든. 독신여성단체라고 불렸는데 공식적인 이름은 '한국여성한마음회'였지. 결혼을 하지 않았거나 결혼했다가 이혼한 여자들이 가입하기도 했어요. 자식이 있어도 상관없었고.

(진송)▷ 결혼 여부보다는 '여성 1인 가구' 같은 느낌이었네요. 1인

가구, 독신, 비혼은 초점이 다른 개념이기는 하지만요.

애순　1인 가구? 요즘에는 그렇게 부르나 보네요. 비혼이라는 말도 아직 낯설 때가 있는데.

진송　이름만 새로울 뿐 선생님은 이미 몸소 개척하신 영역이니까요! 한마음회나 가입한 회원들을 바라보는 시선이 곱지는 않았을 것 같은데 어땠나요? 차별이나 편견에 부딪혀서 힘들지 않으셨는지.

애순　그렇지는 않았는데 오히려 내부에서 혼란스러운 점이 많았어. 진짜 비혼 여성을 찾기가 힘들어서… 등본 떼오라고 할 수도 없고, 가입자가 싱글이라고 하면 그런 줄 아는 식이었거든.

진송　아, 행정적인 확인을 거치진 않았군요. 거기까지 찾아왔으면 굳이 거짓말을 했을 거 같진 않은데… 입회 원서는 있었나요?

애순　그건 또 내가 만들었지. 등록한 회원만 400명이 넘었어.

진송　규모가 생각보다 엄청 컸네요. 개인정보 외에 적어야 하는 항목도 있었나요? '내가 비혼으로 살기로 한 50가지 이유' 같은.

애순 　무슨 입사 지원서도 아니고, 그냥 다 회원으로 받았어.

전송 　열린 가치관, 열린 마음, 열린 가입!

애순 　가입은 자유로워도 운영은 꽤 엄격하게 했지. 국내 최초의 독신여성단체니까 잘 운영하고 싶었거든. 창립총회 때는 한마음회가 만만해 보이지 않도록 공을 많이 들였어.

전송 　아, 창립총회를 크게 하셨죠? 기사도 많이 났고요. 선생님을 처음 알고 나서 그 기사부터 찾아서 봤어요.

애순 　기록에도 남겨야 되고 사람들한테도 많이 보여야 한다고 생각했어요. 1주년 기념 때는 자문위원들까지 초청해서 63빌딩 코스모스홀에서 200명 정도되는 인원으로 행사를 했다니까. 매스컴에서 반응이 좋았는데, 대신 회원들의 부모님이 나랑 한마음회를 엄청 싫어했어(웃음). 내가 1994년도에 책을 냈는데 제목이 《독신, 그 무한한 자유》거든. 독자들이 부모님 몰래 이불 속에 숨어서 보고 그랬다는 거 아냐. 특히 여자들은 책을 읽다 걸리면 시집 안 가고 이딴 거나 보고 있다고 혼쭐이 났다네(웃음).

전송 　와, 불온서적? 금서? 그런 거네요. 부모님들이 싫어할 만해요. 숨어서 읽다가 들키면 그 책이 더 위험해보였을 것 같고(웃음). 제 책 《연애하지 않을 자유》에 대해서도 그런 반응들이 많았어요. 선생님 책은 그 당시에 꽤 파격적인 제목이었죠?

애순　아유 나도 책이 나온 당시에는 내 책을 제목이 보이게 못 들고 다녔다니까. 봉투에 넣어 다니고, 지하철 같은 데서는 아예 꺼내보지도 못했어. 저자가 그랬는데 다른 사람들은 말 다 했지.

진송　한마음회가 언론의 긍정적인 관심을 받고 한마음회에 대한 사람들의 반응도 좋았지만, 회원 개개인은 여전히 가족이나 사회와는 갈등하는 분위기였군요.

애순　그렇지, 뭐든지 자기 일이 되면 태도가 달라지는 건 어쩔 수 없나 봐요. 회원들이 독신여성단체 회원이다, 독신 모임에 간다 외부에 절대 이야기하지 않았으니까. 나도 주위에는 소문을 안 냈고. 그래서 친한 친구나 후배들이 뒤늦게 알고는 왜 자기는 안 불렀냐며 서운해하고 그랬어요.

진송　싱글 여성들의 비밀결사 같은 거네요?

애순　그렇죠. 회원들끼리 사진이라도 찍으려고 카메라를 들면 안 나오려고 다들 순식간에 흩어졌어요. 그럴 땐 다들 어찌나 빠르던지.

전송 아, 막 머릿속에 상상돼요(웃음).

애순 지금은 당당하게 비혼이라고 말한다지만, 드러낼 사람만 드러내는 건 마찬가지야. 방송에 같이 나가자고 하면 비혼인 친구들은 절대 안 나가려고 해.

전송 선생님이 일당백 하시는 거네요. 인터뷰도 많이 하시고, 방송사 온스타일의 프로그램 〈뜨거운 사이다〉에도 출연하셨잖아요.

애순 방송 출연 요청이 올 때마다 다 나가진 않았어요. 프로그램 취지가 마음에 안 들면 거절하지요. 결혼 안 한 것이 무슨 큰 벼슬도 아니고, 시청자들이 나를 다 좋아하는 것도 아닐 테고. 〈뜨거운 사이다〉에는 아나운서, 개그우먼을 비롯해서 변호사, 작가, 사업가 등 젊은 여성들과 이야기를 나눈다는 게 의미 있어 보여서 나갔지. 그런데 방송 후 1년 가까이까지 방송 잘 봤다면서 전화가 오더라고요. 지상파에 나갔으면 전화받느라고 스트레스 꽤나 받았을 거야(웃음). 그런 걱정도 있어서 지상파는 거절했어요.

전송 지상파에 나가셨으면 선생님의 그 직진뿐인 뚝심을 전국의 비혼들에게 좀 더 빨리 알릴 수 있었을 텐데요.

애순   어후, 어떻게 살았느냐, 왜 결혼 안 했냐는 질문에 얼마나 시달리려고. 이제는 나도 특별한 경우가 아니면 속마음을 감춰. 처음 보는 사람이 애는 몇이나 있냐고 물어보면 그냥 둘이라고, 외국에 산다고 해버려요. 70년을 비혼으로 살았는데 만나는 사람들마다 붙잡고 일일이 나 비혼이라고 말하고, 놀라는 반응에 대꾸해주고 어떻게 그래. 그것도 힘이 넘칠 때나 하지, 이제는 안 해, 못 해.

전송   오지랖이나 무례한 질문에 적당히 넘어가는 것도 중요한 전략이라고 생각해요. 특히 나와는 다른 타인의 삶의 태도를 받아들일 준비가 안 되어 있는 사람들에게 굳이 솔직해질 필요는 없달까?

애순   물론 친해지면 털어놓지. 그래도 처음부터 비혼이라고 할 수는 없는 게 현실이야. 대화를 거절하려고 하면 욕먹기 딱 좋은 게 우리 사회잖아요. 친해지고 나서 나 비혼입네 얘기해도 깜짝들 놀라요. 입을 떡 벌리죠. 지금까지 어떻게 살았냐고.

전송   사회가 안 보여줬으니까 그렇지, 사실 이렇게 잘 살아왔고 또 그럴 가능성도 분명 존재하는데 말이에요. 그래도 선생님이 한마음회를 운영하고 독신에 관한 책도 쓰고 인터뷰도 하는 등 다양한 활동을 하셨으니까 비혼에 관심이 있는 사람들은 어느새 조금씩 선생님의 존재를 알게 되더라고요. 자신이 비혼인 것을 숨기며 살아가는 분들에게 격려의 한마디 부탁드려요.

애순　다른 비혼들한테 내가 맨날 그래. "떳떳이 살아. 니가 무슨 죄지었어?" 비혼이라고 하면 신체적이나 정신적으로 문제가 있다고 보니까 잘 공개하지 못하는 거 같아. 예전엔 여자가 결혼 안 한다 그러면 무조건 불임이냐, 아기 못 낳냐, 이런 말을 했거든. 그래서 내가 "진단서 떼어 올까요?" 그렇게 응수하고 그랬어.

진송　'비혼=비정상'으로 보는 시선은 매우 폭력적인데, 그건 결혼과 출산을 '정상가족' '정상성'과 엮어서 바라보는 관습 때문이죠. 비장애인, 이성애자, 같은 인종 간의 결혼만 권장하는 것도 그런 이유고요. 저는 사실 '모든 사람은 어차피 흠결이 있다'고 생각하고, 그래서 비혼자도 흠결이 있을 수 있다고 생각해요. 그 흠결이 비혼의 직접적인 원인이라고 예단할 순 없는 거잖아요. 결혼을 했다고 해서 무조건 비혼보다 낫거나 흠이 없는 것도 아니고요.

비혼이 무례한 잔소리에 대처하는 자세

◆

명절 연휴에 비혼들끼리 모여서 영화를 보거나 공간을 빌려서 같이 시간을 보내는 것도 의미 있다고 생각해요.

애순 비혼에게 명절은 달갑지 않죠. 결혼하라는 군소리부터 "언제 국수 먹게 해줄 거야?" "평생 청춘일 줄 알아?" "늙어서 후회하지 말고 값 떨어지기 전에 팔라구" 같은 심한 말까지 듣게 되잖아요.

진송 예시만 들어도 진저리가 나요. 비혼자들이 명절을 무사히 넘길 수 있는 팁이 있을까요?

애순 결혼하라는 잔소리 때문에 명절 그 자체에 대해서 스트레스를 많이 받겠지만 그래도 명절에는 부모님과 친척들에게 얼굴을 비춰봐요. 나중에 그럴 기회가 사라지고 나니까 못 느끼던 외로움이 느껴져. 명절을 혼자 보내서 쓸쓸하다면 책을 빌려와서 기한을 정하고 읽어봐요. 그럼 한결 나아지죠. 난 명절 연휴 기간에 책 한두 권을 정해서 완독하는 목표를 세우고 실천하곤 해요. 다만 추석에는 본가에 안 가도 일 년에 한 번, 설에는 친척들의 잔소리에 상처 좀 받더라도 효도하는 셈치고 부모님을 뵈러 가는 것도 좋다고 생각해요. 조카들 용돈도 좀 주고. 그렇게 좋은 관계를 유지하라는 거죠. 그럴 때 아니면 가족 간에 유대를 쌓을 일이 없어요.

진송 비혼들도 명절에 1차 가족과 함께 보내는 게 좋다고 생각하시는 거죠? 요즘에는 친척들 잔소리 듣기 싫어서 명절에 1차 가족과 보내지 않고 자유롭게 모여서 시간을 보내는 경우가 늘고 있거든요. 제가 본 행사만 해도 꽤 돼요. 비혼들끼리 모여서 영화를 보거나 책을 보거나, 공간을 며칠 빌려서 명절 연휴를 같이 보내는 거죠. 그런 방식도 의미 있다고 생각해요.

애순 나도 그런 모임은 좋다고 생각해. 한마음회를 운영했을 때는 명절에 멤버들끼리 여행도 가고 그랬어요. 산속에 조용한 공간을 빌려서 실컷 떠들고 노래하고 놀았죠. 게임하고 음식도 만들어 먹고 참 좋았어요. 그렇게 보내는 건 추석이 좋아요. 설에는 춥잖아요. 그러니까 설에만이라도 가족과 함께 보내자는 거죠. 집안의 어른들도 찾아뵙고. 또 집안 애경사에는 되도록 참석하는 걸 권해요.

진송 비혼이라서 집안 애경사에 대처하는 방법의 차이가 있을까요?

애순 축의금 돌려받을 것도 아닌데 왜 가야 되나 하는 생각이 들 만도 하지만 집안 사람으로서 도리를 다하는 것이라 생각하면 마음이 좀 편해져요.

전송 받을 것이 없어서라기보다는 성인 취급을 못 받아서 가기 꺼려지는 것 같아요. 선생님의 언니들이 선생님은 결혼을 하지 않았으니 축의금을 내지 말라고 했다면서요.

애순 그런 잔소리를 들으니까 스트레스를 받는 건 알겠어요. 그래도 가서 친척들도 알아두고 인간관계를 유지해놓으라는 거예요. 한 번씩 참석하되 가서 떳떳하게 잘난 체하세요. 저렇게 잘났으니 결혼 안 하고도 잘 산다, 그런 생각들이 친지들 머릿속에 콱 박히게.

전송 가족 간의 네트워크를 중요하게 생각하시는군요. 그런데 친척이나 가족을 안 좋아하는 경우도 있잖아요. 가정폭력이나 아동학대의 피해자들도 있고요.

애순 그런 경우에는 당연히 참석이 불가능하겠지. 다만 그 정도가 아니라면 가장 불행할 때에도 마지막까지 남는 건 가족이라고 생각해요. 행복할 땐 남이 있고 불행할 땐 가족이 있다는 말도 있잖아요. 인간은 사회적 동물이라고 하는데 사실 가족적 동물 아닐까요. 사회에서 살아나가려면 너무 고립되면 안돼요.

(전송)　네, 고립되면 안 된다는 건 저도 동의해요. 다만 누구와 연결될지에 대해서는 조금 생각이 다른 것 같아요. 선생님은 1차 가족의 전통적 끈끈함을 떠올리시면서 가족 간의 화합을 중시하는 입장이고, 저는 해로운 가족이라면 차라리 절연하고 대안 가족이나 공동체를 형성하는 게 낫다고 생각하거든요.

(애순)　집안 행사 때 잠깐 얼굴 보고 마는 정도인데?

(전송)　그 잠깐이 힘든 사람들도 있으니까요. 친척들 행사뿐만 아니라, 저는 이제 가기 싫은 결혼식이 생기면 축의금이었을 돈을 저를 위해 써요. 책이나 옷을 사거나 맛있는 걸 먹거나. 되게 즐거워요. '자, 오늘은 결혼식을 가야 했던 날이니까 예쁜 옷 입고 구두를 신고 다른 좋은 데를 가볼까' 하는 거죠.

(애순)　그건 너무 자기만 생각하는 거 아닐까? 이게 요즘 젊은 사람들 문화인가?

(전송)　그만큼 중요하지 않은 관계니까 저도 굳이 참석할 필요를 못 느끼는 거죠. 제가 결혼할 생각이 없어서, 축의금이 아까워서 안 가는 게 아니에요. 제 비혼 여부와 무관하게 소중하게 생

각하는 사람들의 결혼식에는 달려가죠. 근데 결혼식의 하객으로만 저를 동원하려는 의도는 금방 티가 나거든요. 그럴 때의 대처법이죠.

나는 결혼하지 않기로 했다

✦

나에게 결혼은 내 삶에서 한 번도 유효한 적 없었던 먼 나라의
화폐 같다. 나는 내가 소중히 여겨온 것을 온전히 지켜내며 결
혼에 수반되는 의무와 역할을 병행할 능력이나 의지가 없다. 그
래서 나는 결혼하지 않기로 했다. 누군가는 나를 비혼주의자로,
혹은 N포 세대로 부른다. 둘 다 어느 정도는 맞고, 어느 정도는
틀린 말이다. 비혼주의가 '선택'이라면 결혼 포기는 '박탈'이다.

　그러나 비혼이라는 삶의 형태는 그렇게 깔끔하게 이분화할
수 없다. 비혼주의자는 결혼이 무엇을 박탈한다고 생각하기에
결혼하지 않는 것일까? 전쟁 중에도 결혼식이 치러지는데, 생존
경쟁과 불안정한 현실의 피해자인 'N포 세대'는 무엇을 더 우선
시했기에 결혼을 '포기'한 것처럼 보일까?

　나는 자발적인 비혼주의자인 동시에, 불평등한 결혼문화 때
문에 기혼이 될 선택지를 포기한 인간으로 살고 있다. 결혼을 하

고 싶었던 적은 없었지만, 결혼이 '좋은' 관계로 보였다면 나의 욕망은 달라졌을지도 모른다. 현실은 늘 그런 모호함과 복잡한 면면에 겹쳐져 있다.

누군가는 법이 그들의 결혼을 금지하기 때문에 비혼의 영역에 머문다. 누군가는 삶의 우선순위에 따라 살다 보니 결혼이 저 뒤에 밀려 있어서 아직 비혼이다. 또 누군가는 아직 결혼하고 싶은 사람을 만나지 못해 혼자 산다. 이 뒤엉킨 맥락들을 알기에 나는 자발과 비자발을 구별하는 데에는 별 관심이 없다. 결혼에 대한 선택권 자체가 충분하지 않은 현실에서 자발과 비자발을 구분 짓는 것은 무의미하다는 뜻이다.

대신 우리 사회가 감춰온, 결혼하지 않은 여성들의 이야기를 들으려고 종종거린다. 결혼이 '무엇'을 '왜' 빼앗아가는지에 대해서, '스윗홈'이라고 부르는 것이 은폐하고 지우는 차별과 폭력에 대해서, 비혼을 병리적 현상으로 규정하는 권력에 대해서. 또 비혼으로 어떻게 잘 살아남을지에 대해서. 그리하여 결혼하지 않으면 비참한 말로만이 기다리고 있다고 겁박하고 모두를 '어머님'과 '아버님'으로 호명하는 이 사회에 어떻게 엿 먹일지 고민하며 산다.

3

결혼하지 않아도 괜찮아

여행을 떠나요

✦

결혼을 안 하면 여행을 결정할 때 비교적 자유롭다는 장점도 있죠.

진송 비혼 여성들끼리 여행도 많이 다니셨잖아요. 그것도 한 마음회에서 하신 거예요?

애순 1980년대 육친회, 1990년대 한마음회에서 간 여행 모두 내가 계획을 세우고 실행에 옮겼지. 여행 일정이 끝나고 집에 도착하면 같이 여행 갔던 모두에게 안부 전화를 하는 게 일이었어. 다들 여자 혼자 귀가하는 길이니까 걱정이 되더라고.

진송 아, 그건 제가 하는 모임에서도 그래요. 요즘에는 메신저 단체채팅방이 있잖아요. 모임을 했다가 헤어지면 모두가 집에 잘 도착했는지 서로 확인을 하죠.

애순 그래야지. 자기들끼리 똘똘 뭉쳐서 돌봐줘야 돼.

전송 저는 게릴라성 모임을 해오고 있는데요. 88년생 용띠 파티나, 2030 페미니스트 송년회를 하자고 SNS에서 익명으로 참가자를 모집하고 실제로 모여 하루 즐겁게 놀고 헤어지는 거예요. 선생님처럼 여럿이 여행 다니는 건 엄두도 못 냈는데 몸이 근질근질하네요. 혹시 기억에 남는 여행지나, 인상 깊었던 여행이 있나요?

애순 등산은 사람들을 모아서 서울 근교로도 가고 지방으로도 많이 갔어요. 20~30명 정도 규모로 간 여행도 생각나요. 한번은 강원도에 있는 요가 수련원으로 여행을 간 적이 있는데, 아주 본격적으로 놀았거든. 산도 있고 물도 있고 방도 넓은 곳이었지. 숙소에 스피커까지 갖춰놓으니까 젊은 친구들은 춤추고 노래하고 놀았죠. 주변 눈치 안 보고 아주 좋더라고.

전송 앞서나간 파티 피플이셨군요. 저도 여행을 좋아하는데, 저는 주로 혼자 다니는 걸 선호해요.

애순 여행지에서 혼자 다니면 남자들이 귀찮게 하거나 범죄의 표적이 될 수도 있잖아요. 굳이 혼자 간다면 출발할 때는 혼자 가더라도 여행지에서 친구랑 합류하는 방법을 추천해요.

전송 결혼을 안 하면 여행을 결정할 때 비교적 자유롭다는 장점도 있죠. 요즘에도 여행 많이 다니세요?

애순 그럼, 얼마 전에도 다녀왔어요. 전부 기혼자 친구들이었지. 아이가 있는 기혼자들이 30~40대 때는 애들 키운다고 정신없다가도, 나이가 들면 비혼과 어울릴 수 있게 돼요. 그러니까 비혼들이 너무 서운해하지 말고 그러려니, 하고 있어봐. 연락이 슬슬 와요.

전송 우정은~ 돌아오는 거야~! (손나팔)

애순 함께 여행을 가면 친구를 깊이 이해할 수 있고, 서로의 생활 방식도 공유하게 되고 그렇잖아요. 혼자 다니면 일행 눈치 안 봐도 되니까 편안하고 쾌적하지만, 너무 혼자만의 세계에 빠져서 사람이 고집쟁이가 될 수도 있거든. 함께 가는 여행이 여러모로 좋아.

다시 태어나도 비혼

✦

"네가 뭐가 부족해서 결혼을 안 하냐?"
"하기 싫으니까."

진송 70여 년간 살아오시면서 비혼에 대한 인식이 달라졌다는 걸 체감하시나요? 예를 들어 친구들의 태도가 달라졌다든지요.

애순 젊었을 때는 친구들이 많이 놀렸어. 결혼한 친구들끼리 모여가지고 남편하고 잠자리 얘길 하는데 내가 가만히 있으니까 친구들 중 한 명이 "애순이한테 통역해줘라" 그랬었지. 근데 나는 그런 걸로 서운하지 않았어. 사는 세계가 다를 뿐이니까. 그 화제가 나올 때는 듣고 있다가 다른 이야기가 나오면 얼른 끼어들고 그랬지. 젊을 때는 남자 동창 중 하나가 내 뒷모습이 쓸쓸해 보인다면서 "김애순이 왜 처량하게 혼자 저러고 있냐. 젊음이 아깝다"고 한 적도 있는데, 지금은 친구들이 얼마나 부러워하는지 몰라. 속 편해서 좋겠다고도 하고, 하루 세 끼 집밥만 고집하는 남편 때문에 미쳐버리겠다는 친구들도 있지.

진송 아, 〈한국일보〉에 기사도 났죠. "삼식이 남편 둔 아내들 '나에겐 왜 정년퇴직이 없나' 분통"이라는 제목으로.

애순 하루에 집에서 끼니를 몇 번이나 때우냐에 따라 영식님 일식씨 이식넘 삼식(개)새끼라고 분류할 수 있어요.

진송 요리연구가 이혜정 씨가, 종종 간식까지 달라고 하는 사람을 '종간나 세끼'라고 했죠(웃음). 그래도 여전히 왜 결혼 안 했냐고 많이들 묻죠?

애순 그럼. 사랑에 배신당해서 비혼으로 사냐고 물어보는 사람도 있어요. 내가 너무 사람을 고르니까 결혼을 못 한다고 하는 사람도 있고요.

진송 눈을 좀 낮추라는 소리군요.

애순 결혼 생각도 안 들고, 그만큼 같이 살고 싶은 사람이 없는 걸 어떡해. 억지로 살아? '니들 마음대로 생각해라. 난 똑똑한 선택을 한 건데?' 이런 당당한 마인드가 필요해요. '내가 부족해서 결혼을 못 했다' 그렇게 생각했으면 사소한 말에도 크게 상처를 받았겠지만 난 스스로한테 떳떳해서 내 선택이나 인생에도 만족하게 됐죠.

전송   우리 사회는 결혼을 안 했다는 이유만으로 너무 쉽게 개인의 인생을 가십거리로 생각해요. 결혼 안 하는 비장한 사연을 기대하고, 비혼으로 사는 사람의 행동에 일일이 의미를 부여하고. 사실은 "어디가 부족해서 못 했다, 사실은 결혼을 원한다"라는 고백을 듣고 싶어 안달이 났다는 인상까지 받았어요.

애순   "네가 도대체 뭐가 부족해서 결혼을 안 하냐"는 소리를 귀에 딱지가 앉도록 들었지. 내 답은 늘 똑같아요. "하기 싫으니까."

전송   단순하면서도 아주 명쾌한 답이네요. 사람들이 결혼이나 연애를 조건만 갖춰지면 꼭 해야 되는 일들로 생각을 하는 것 같아요. 그러다 보니 비혼 여성이 자신의 삶에 만족하고 행복을 느낀다는 사실을 인정하지 않으려고 하고요. 어디에도 100퍼센트 만족하는 삶은 없고 그건 인간으로 태어난 이상 감당해야 하는 결핍이잖아요. 결혼이 없으면 완전하지 않은 인생인 양 이야기하는 사람들에게 한마디 해주세요.

애순   나는 다시 태어나도 비혼이야.

전송   좋아요.

삶의 방향성과 비혼

✦

비혼에 관한 모든 논의는 결혼 여부와 무관하게 어떤 선택 하나가 삶 전체를 좀먹지 않도록 돌보는 방향으로 나아가야 한다고 생각해요.

진송 최근에 비혼 관련해서 읽은 논문에서 이런 구절이 나오더라고요. "비혼을 지탱하는 것은 결혼 제도에 대한 반발이라기보다는 지속해온 삶의 방향성이 결혼 제도를 필요로 하지 않기 때문이다."[*] 전 이게 굉장히 중요한 지점이라고 생각해요. 제가 비혼주의를 결심하게 된 건 결혼 제도에 대한 문제의식도 있지만, 지금까지 살아온 방식을 고수하고 싶었기 때문이거든요. 비혼을 바라볼 때 결혼의 문제점에만 초점을 맞추면 결국 대안은 '좋은 결혼' '문제점이 개선된 결혼'이 돼요. 저는 그보다 비혼이 다양한 삶의 방향 중 하나로 여겨지는 게 중요하다고 봐요. 삶의 방향을 스스로 결정하고 내가 결혼을 선택하지 않더라도 차별이

---

[*] 박수민, 〈비혼을 통해 본 결혼의 탈제도화와 문화적 영향력의 지속〉, 《가족과 문화》 제29집 4호, 2017.

나 제약에 부딪치지 않는 세상을 원해요.

애순   나는 필요 없는데 생판 남들이 "아니야, 너는 이게 있어야 돼" 이런다니까요.

진송   선생님이 살아오면서 비혼이기에 가능했던 좋은 선택이 있을까요?

애순   나는 항상 행복을 중요하게 생각하면서 살았어요. 그러려면 자기한테 행복이 어떤 의미인지 알아야 해요. 결혼한 친구들이 자식이 출세를 했다, 남편이 좋은 선물을 사다줬다 자랑하곤 하는데, 그런 게 부럽진 않더라고요. 나한테 행복은 단편적인 보상에서 오는 게 아니라 일상의 편안함, 오랜 시간 속에 배어 있는 만족과 기쁨 같은 것이어서 그걸 느낄 수 있게 해주는 일들에 집중했죠.

진송   자신의 행복에 대해서 고민하고, 행복을 맛보게 해주는 일들을 우선순위로 삼아 살아가는 생활이 비혼이라는 선택을 통해 자리 잡아간 거네요. 다양한 행복 중 자신에게 유효한 행복을 찾고 남의 행복과 비교하지 않는 건 정말 중요한 태도 같아요. 세간의 기준에서 벗어나서 살기로 결심한 사람들이라면 훈련해서 길러야 할 필요가 있겠네요. 근육처럼.

애순 　결혼에서 오는 여러 가지 장점을 알고 가끔 부러운 마음이 들더라도 나는 그때뿐이었어요. 그게 너무 부러웠으면 지금까지 혼자 못 살았겠지 뭐.

진송 　결혼에서 오는 행복은 선생님이 원하는 행복이 아니니까 더 삶의 방향성이 명확했을 것 같아요. 사람들이 말하는 '결혼하고 가정을 꾸려서 얻는 행복'이 누군가에게는 행복이 아닐 수도 있는 거죠.

애순 　비혼으로 사는 내 친구 중 한 명은 그림도 그리고 재봉틀도 배워서 옷도 수선하고 계속 여러 취미를 익히더라고요. 끊임없이 무언가를 배우고 새로운 취미를 즐기는데, 그런 성격이 비혼의 원인이기도 하고 또 혼자서 잘 살아가는 원동력이기도 하죠. 삶의 방향성이라고 하면 좀 어렵게 들리는데 결국 어떻게 살지 스스로 결정하는 문제예요.

진송 　취미에 몰두하는 여자는 결혼시장에서 비난받잖아요. 그래서 저는 비혼에 관련된 모든 논의는 결국 선택지를 늘리고, 결혼 여부와 무관하게 어떤 선택 하나가 여성의 삶 전체를 좀먹지 않도록 돌보는 방향으로 나아가야 한다고 생각해요. 비혼을 선택한 이유가 "기혼이라서 받는 고통이 없으니까"라고만 하기엔 너무 한계가 뚜렷하잖아요. 고통을 해소하거나 그 원인을 찾을 생각은 않고 피하는 방식만을 논의하는 거니까. 행복이나 삶을 저울질하거나 서열 매기는 것 같기도 하고요. 기혼 여성의 삶을 '결혼했으니까 피해자-불행'으로 타자화하는 것도 반대해요. 결혼이든 비혼이든 자신의 가치관을 실현할 수 있는 선택이어야죠.

애순 비교를 빼고 만족 여부로만 놓고 보자면, 어쨌든 나는 다시 태어나도 비혼으로 살 거예요.

전송 저도 역시 다시 태어나도 비혼입니다.

고독사의 공포와 '나'와의 이별 사이

＋

나는 장례식 안 하기로 결심했어요. 죽은 나는 아무것도 모르니까 혼자라는 상황에 구애받지 마요.

진송 사람들이 결혼을 안 한다고 그러면 항상 이야기하는 것이 생의 마지막이에요. 죽음 또는 그 이후요. 저는 사실 아직은 실감이 안 나지만, 우리나라에서 장례를 치를 때는 남자가 있고 없고 여부가 중요하고, 남자만 상주로 두려고 하잖아요. 제 친구가 외동딸인데 부모님이 돌아가시면 내가 장례 절차를 잘 치를 수 있을까, 상주인 내가 결혼을 하지 않으면 상주 역할에 문제가 생기는 건 아닐까 고민을 많이 하더라고요.

애순 형제자매가 없는 사람은 부모님이 돌아가시면 동기가 없으니 장례를 혼자 치러야 할 처지라고 생각하는데 그러지 말아요. 그건 집안 전체의 큰일이라 어떻게든 조언을 구할 데가 생길 거예요. 불안하면 미리 공부를 좀 하고 알아놓는 것도 좋고.

진송 선생님께서는 복지사와의 연결망을 통해서 생의 마지막이 다가올 때를 대비하고 계시는데요. 그 이후에 대해서는 혹시 어떤 계획이 있나요? 아들이 군대에 갔을 때 어머니가 돌아가셨는데, 어머니가 암 판정을 받고 나서 동네 교회에 열심히 나간 정황이 나중에 포착됐다는 이야기도 있죠. 어머니가 아들 군대가 있는 동안 교회 사람들이 자기 장례를 치르도록 미리 준비를 한 거예요. 선생님은 혹시 그런 고민 때문에 어떤 커뮤니티에 들어갈 생각은 안 하셨어요?

애순 나는 장례식 안 하기로 결심했어요. 죽으면 끝인데 뭐. 누가 오거나 말거나 죽은 나는 아무것도 모르니까 혼자라는 상황이나 조건에 구애받지 마요.

진송 진짜 쿨하시다니까요(웃음). 그런데 장례식은 선생님뿐만 아니라, 선생님과 관계를 맺거나 선생님을 기억하고 싶은 사람들을 위한 절차기도 하잖아요. 애도와 추모의 시간이 필요하지 않을까요?

애순 이제 내 장례식에 올 사람들도 다 나이가 들었는데, 나이 든 사람들은 장례식에 잘 안 가요. 죽음이 너무 가까이 있거든. 나도 가기 싫고.

진송 장례식이 남의 일만은 아니라는 기분이 드는 거군요.

애순　　그렇죠. 근데 가기 싫어도 정말 친한 사이였으면 가야 하잖아요. 나는 진짜 주위 사람들에게 부담 주지 않으려고. 그래서 장례식도 안 하기로 했어요. 24년 전 첫 번째 책, 《독신, 그 무한한 자유》 출판기념회에서 장기와 시신은 모두 기증하기로 했고요. 그땐 각막도 83세까지 기증할 수 있다고 했는데, 김수환 추기경은 86세로 돌아가셨을 때도 각막을 기증했으니까 나도 가능하겠죠.

진송　　지금은 만 19세 이상, 각막 질환만 없으면 기증 연령에 제한이 없대요. 장례식을 하지 않기로 결심하신 건 그 출판기념회 때예요?

애순　　그때는 결정만 했다면 요즘에는 그림까지 다 그렸어요. 조카들에게 말해서 4년 전부터 확실하게 정해놨죠. 내가 죽으면 시신은 병원에 보내고 한 2~3일 후에 내 핸드폰에 저장된 연락처로 사람들에게 다 연락을 해라. 부고를 알리고, 지금은 모든 절차를 끝낸 상황이라고만 전하라고요.

진송　　제 일이라고 생각하면 괜찮은데 친한 사람의 부고를 그렇게 들으면 서운할 것도 같아요. 비혼인 친구들끼리 "서로 마지막을 지켜보자" 이런 말을 종종 하거든요.

애순　　옛날에는 나도 그렇게 생각했어요. 그런데 나이가 들고 보니, 이제 친구들도 다들 70대 후반인데 내 영안실 지키고 빈소 지키고 어떻게 해요. 그러다 골병만 들지. 자식이나 친척이 있으면 모를까 남한테 부탁할 수 있는 일은 아니에요.

(진송)── 역시 현실적인 어려움이 있군요. 그래도 선생님을 기억하고 싶은 건 가족만은 아닐 거예요. 관계가 혈연이나 가족제도 안에서만 형성되고 유지되진 않잖아요.

(애순)── 우리나라 관혼상제가 남들 보여주려고 하는 게 많아서 내가 그런 생각을 하나 봐요 지금 생각난 건데, 옛날에 선배 언니가 지인 장례식장에 갔다 오더니 "남동생 하나만 서 있으니까 참 안됐더라" 그러더라고. 남동생이 결혼을 안 했었거든요. 그 말이 무의식 중에 영향을 미친 것 같아요. 남들이 보기에 내 마지막이 쓸쓸하거나 딱한 게 싫거든.

(진송)── 그런 쓸쓸함은 사랑하는 사람이 떠나서 상갓집을 지킬 때 정말 크게 느껴질 것 같아요. 누군가 옆에 있어주었으면 하는 마음은 인간인 이상 어쩔 수 없으니까요. 어떤 큰일이 있을 때 서로 의지할 수 있는 관계가 결혼과 출산이라는 선택지에서만 가능하다는 인식에서 이제는 좀 벗어나야 해요. 선생님은 주변 사람들에게 부담 주지 않으려고 마음을 비우신 것 같고요.

(애순)── 비운 것이기도 하고 내려놓은 것이기도 하고 그래요. 나

는 시신을 기증하기로 했는데 기증 후 2~3년이 지나면 유족에게 시신을 보내든지 아니면 화장해서 보내든지 한대요. 나는 우리 고향 선산에다가 수목장을 하려고 나무도 정해놨어. 그게 제일 좋은 방법이더라고요. 내가 죽었다고 누가 성묘를 올 것도 아니고. 자식이 있어도 안 오는 일이 허다한 세상인데 좁은 땅덩어리 차지할 것 없이 수목장을 하자 결정했죠.

진송 아까 남들한테 딱해 보이기 싫고 주변 사람들한테 폐 끼치기도 싫다고 하셨는데, 그럼 아예 다른 방식의 장례식은 어떨까 싶어요. 병원에서 하는 형식적인 장례 절차 말고, 돈과 공간을 마련해서 지인들끼리 모여 같이 밥 한 끼 먹을 수 있도록 준비하는 거죠. 좀 더 사적인 자리로.

애순 이게 사람마다 다 의견이 다른 것 같아. 진송 씨처럼 그런 생각을 하는 것도 재미있는데, 알고 지낸 사람들이 성격도 나이도 그룹도 다 다르잖아요. 아무리 지인들만 부른다지만 그렇게 다양한 사람들이 모여가지고 어떤 분위기가 될지….

진송 척지고 어색해진 두 무리에게 유언으로 '너네 다 이 자리에 모여서 서로 바라보고 웃으며 밥 먹어야 돼'라고 남기면 자기들끼리 눈치 보면서 밥 먹다가 제 욕하면서 화해하고 그러지 않을까요? 어디까지나 상상이지만. 〈써니〉라는 영화에서 비슷한 내용이 나오죠.

애순 　나도 봤어요. 그래도 그런 행사 자체를 누구한테 주최하라고 강요할 수는 없는 거니까.

진송 　그럼 선생님은 어떤 형식이든지 장례나 추모제 자체를 지양하시는 거네요?

애순 　죽으면 끝이라니까. 내가 그런 말을 했더니 조카 중 한 명이 "우리가 이모를 그렇게 두겠어요?" 하더라고. 그래서 '부모의 장례는 의무일지 몰라도 세상에 친척 장례를 치르는 걸 반길 사람은 없는 거야' 생각하면서 나 혼자 콧방귀만 뀌고 말았어요.

진송 　오늘도 쿨하신 선생님. 그래도 모두 선생님처럼 쿨할 순 없으니까요…. 혼자 사는 비혼이나 무연고자의 마지막에 대해 최소한의 인간적 예우를 해줄 수 있는 제도적 차원의 지원이 필요하다는 생각이 드네요.

내 나이가 어때서

✦

우리 나이의 여자들은 다 남편이 있고 누군가의 엄마인 것처럼 생각하니까 옷이 좀 천편일률적이더라고요.

진송 예전에 어떤 분이 한 여성분에게 "노처녀처럼 생겼다"라고 말하는 걸 봤어요. 긴 생머리와 옷차림에 대한 말이었죠. 쇼핑을 다니다 보면 어느 정도 연령대에 이른 손님을 점원들이 어머니나 아줌마라고 부르잖아요. 선생님도 그런 일 많이 겪으시죠?

애순 난 이제 다 해탈했죠. 처음 만난 사람이 자녀를 몇이나 두었냐고 묻기도 하는 걸요. 애들은 외국 나가 산다고 해버려요.

진송 그렇게 '어머니' '아줌마'로 규정이 되면서 여러 제한이 생기더라고요. 옷을 예로 들면 "결혼한 여자가 옷차림이 그게 뭐냐"라거나, "아줌마가 뭐 저렇게 하고 다녀" 같은 소리들이 판을 치니 신경이 자꾸 쓰이게 되고요. 우리 사회가 특정 연령대의 여성은 무조건 기혼 여성, 유자녀 여성으로 판단하는 데서 오는 불편함이나 제약이 있어요. 제가 30대인데 후드티에 운동화를 신고 백팩을 메고 다녀서 가끔 난감해하는 사람들을 보거든요. 저도 예전에는 사실 저의 이런 모습을 상상하지 못했죠. 미디어 같은 데서 보여주는 30대 여성들은 커리어우먼이거나, 결혼해서 소위 '며느리룩' 같은 걸 입고 다녔으니까요. 살아가는 양식에 대한 고정관념이 개인의 옷차림을 제한하거나 강제하기도 한다는 생각을 했어요.

애순   나도 옷 살 때 그런 느낌을 받아요. 우리 나이의 여자들을 그냥 다 남편이 있고 누군가의 엄마인 것처럼 생각하니까 디자인이나 색상 같은 게 좀 천편일률적이더라고요. 내가 진송 씨 나이 정도였을 땐 더했죠. 요즘에는 그래도 상품이 많이 다양해졌던데.

진송   중년 여성들의 옷 디자인 개발이 좀 정체돼 있다는 생각은 저도 했어요. 아무래도 여성의 의상을 '남자에게 어필하기 위한' '더 매력적으로 보이기 위한' 거라고 생각하면 그런 결과물이 나오는 것 같아요. 그러다 보니 특정 연령대 이상의 여성들을 타깃으로 하는 옷들은 상대적으로 디자인의 다양성이 부족한 현상이 벌어지죠.

애순   나는 이 나이 때는 이런 걸 입어야 한다는 식으로 뭔가 정해져 있는 게 싫어요. 내 취향에 맞게, 내가 추구하는 옷 스타일에 맞게 꾸미고 싶지.

(진송)   사실 그게 가장 중요해요. 결혼 여부보다는 자기에게 어울리는지 아닌지. 우리나라는 특히 나이와 역할에 따른 의상 제한이 많죠. 제가 한번은 여름에 택시를 탔는데 택시 기사가 "아가씨 그런 거 입고 다니면 시집 못 갑니다" 그러는 거예요. 날씨가 너무 더워서 제가 비치는 옷을 입고 있었거든요. 제가 너무 웃겨서 "저 시집가서 애가 둘인데요?" 해버렸죠. 그랬더니 "아니 그런데 남편이 뭐라고 안 해요?"라고 하더라고요.

(애순)   기혼의 입장에서 옷차림이나 화장은 남편이 싫어하면 자기식대로 하고 다니기가 힘들죠.

(진송)   옷차림을 여성의 행실과 연관지어서 싫어하는 경우와, 자기 취향이 아닌 옷차림이라 싫어하는 경우 등 다양한 맥락이 있죠. 우리 사회가 여성의 옷차림에 관여하는 경우는 대부분 차별적인 인식을 바탕으로 하고요.

(애순)   그건 동의해요. 나도 항상 흠 잡히지 않기 위해 단정하게 하고 다녔으니까. 항상 상황에 맞게 입어야 한다고는 생각해요. 어떤 비혼 남성은 장례식장에 원색 계열의 옷을 입고 왔는데 결혼 안 해서 저렇게 다닌다고 많이들 수군거렸어요.

전송 그건 비혼의 특징이라기보다는 개개인의 성향에서 비롯되는 일 아닐까요?

애순 그렇긴 한데, 그때 나왔던 말들은 아무래도 부인이 없으니까 그렇다, 이런 거였어요. 홀아비는 추레하다는 식으로. 남자들은 아내가 일종의 코디 같은 역할을 하잖아요. 옷도 다려주고 세탁도 깔끔하게 해주고.

전송 아, 무슨 말씀인지 알겠어요. 비혼 남성과 비혼 여성을 바라보는 시각이 다르기 때문에 하는 말이군요. 우리 사회는 비혼 남성에게 돌보는 존재로서의 아내가 필요하다고 생각하고, 그 사람이 어딘가 부족해 보이면 그 원인을 아내의 부재에서 찾으니까요. 반대로 비혼 여성이 어딘가 부족하면 "그래서 어떻게 시집을 가냐"라고 말하면서 자격 미달로 취급하는 경향이 있죠. 그분의 부적절한(?) 패션은 그런 프레임에서 해석된 모양이네요.

애순 맞아요. 예전에는 남자가 옷을 구질구질하게 입고 다니면 아내를 욕먹이는 짓이라고들 했죠. 남편의 옷차림은 아내의 코디 센스를 나타내기도 했어요.

전송 그건 지금도 딱히 변하지 않았어요. 요즘 '관찰예능'이 대세고 자식들이 나오는 영상을 부모가 지켜보며 코멘트하는 형식의 예능도 많잖아요. 그런 프로그램들을 보면, 특히 나이 많은 남자 출연자의 부모님들은 아들들의 결혼이 답이라고 목소리를 높이는데 그게 자기 아들 집안일 해줄 사람 구하는 투거든요. '구질구질'하게 사는 내 아들을 '구원'해줄 며느리를 찾으려는 듯 보여요.

애순 나는 나만 신경 쓰면 되는데.

전송 전 그런 공포도 있어요. 결혼하지 않은 여자이기 때문에, 내가 '어디가 부족해서' 결혼하지 못 한 게 아님을 입증하라는 압박이 항상 있거든요. '화려한 솔로'를 강조하는 마케팅도 이런 불안을 겨냥하는데, 자기 자신을 매력적으로 꾸며서 자신의 비혼이나 비연애 상태가 '자발적'이라고 증명하라는 거죠. 이건 사회적으로 주입되기도 했고, 제 안에서 만들어진 욕망이기도 해요. 기혼 여성을 더 이상 꾸밈이 필요없는 '억척 아줌마'로 소비하는 사회에서, 결혼하지 않은 여자로서 '억척 아줌마'로 보이기 싫다는 불안. 이건 '아줌마'라는 단어에 투영된 멸시와 여성혐오가 내게도 내면화되어 있다는 뜻이라, 솔직히 창피도 해요, 그렇기에 더더욱 치열하게 고민해봐야 하는 문제고요.

애순 남의 시선을 좀 덜 신경 쓸 수 있으면 좋을 텐데.

전송 흑흑 선배님, 저는 아직 갈 길이 머네요.

'나'를 먹인다는 것

✦

식사 준비를 위한 노동은 온전히 나를 잘 먹이고 돌보기 위한 것이니 자기에게 투자하는 시간으로 이해하면 되겠네요.

(진송) 최근에는 1인 가구라는 개념이 새로 생기고 맞벌이하는 부부가 늘면서 전반적으로 조리와 식사 문화에 변화가 생겼어요. 많이 편해지기도 했고요. 그런 게 전혀 없었던 시기를 거치신 선생님이 보시기에는 격세지감이 느껴질 것 같아요.

(애순) 예전에는 시장에서도 반찬을 안 팔았어요. 음식을 완제품으로 팔지 않아서 다 직접 해 먹어야 했죠. 재료를 많이 사다놓으면 재료가 아까워서 음식을 많이 하게 되는데 그걸 다 못 먹으니까 혼자 사는 사람 집에 음식물 쓰레기가 더 많아지는 기현상이 벌어져요. 한번은 버리는 게 아까워서 시장에서 조금만 달라고 했거든요. 그랬더니 별꼴이라는 소리도 들었죠. 보통 많이 달라고만 하니까요. 나도 음식 많이 내다 버렸어요.

(진송)　　요즘에는 한 그릇 음식이 많이 나오더라고요. 컵밥이나 국밥, 덮밥 형식으로요. 그런 레시피가 담긴 책도 많이 나오고요. 편하기도 하고 설거지 감도 줄죠.

(애순)　　밥만 해서 3분 요리랑 먹으면 참 좋아요. 예전에는 그런 게 없었거든요. 요리를 못하면 밥에 간장이랑 마가린 넣어서 비벼 먹는 정도였지. 카레나 짜장이 먹고 싶을 땐 한솥을 해야 됐는데 그 생각하면 요즘이 행복해요. 김치는 꼭 담가 먹어야 했어요. 김치를 시장에서 사다 먹는다는 건 상상도 못했던 일이지. 요즘은 국도 한 끼 분량으로 포장해서 파니까 참 편하죠.

(진송)　　그때는 즉석식품도 없고 시켜 먹는 시스템도 잘 안 돼 있어서 정말 힘드셨을 것 같아요. 편하다고 '간장마가린밥'을 맨날 먹을 수도 없고….

(애순)　　영양을 위해서는 나물을 꼭 먹어야 할 것 같은데 조리가 상당히 힘들어요. 다듬고 씻고 데치고 양념을 해서 볶거나 무치고… 그게 다 손맛이라고는 하지만 사실 그 손맛이라는 게 따로 있는 게 아니라 간을 잘 맞춘다는 것이거든요.

(진송)　　한식 중에서도 특히 나물이 어려운 것 같아요. 나물마다 조리방법이 다르고 또 빨리 쉽잖아요. 한식 자체가 비혼 같은 1인 가구에게 상당히 맞지 않는 음식이라는 생각을 해요. 나물

같은 건 양도 조절하기 어렵고….

애순   맞아요. 비혼들에게는 밥보단 빵이 더 편하죠. 그런데 많은 한국 사람들은 어려서부터 어머니가 해주는 한식에 길들여져 왔잖아요. 특히 내 나이대에서는 더욱 그렇죠.

진송   맞아요. 저도 밥을 좋아해서요. 빵만 먹고 살면 되게 편할 텐데요. 저는 교환학생으로 가 있을 때도 밥솥을 들고 갔어요. 이탈리아 친구들은 빵 하나 굽고 커피 내려서 아침을 때우는데 저는 밥하고 국 끓이고 계란찜을 하고 잇으니까 친구들이 아침부터 파티하냐고 물어보더라고요. 선생님이 보시기에 현재 혼자 사는 비혼들에게 가장 좋은 아이템 혹은 발명품은 뭘까요?

애순   반찬가게인 것 같아요. 몇 개 골라서 사다놓으면 한 주는 먹잖아요. 김치, 콩자반, 멸치를 기본 반찬으로 갖춰두고 영양 균형을 맞춰야죠. 반찬들에 찌개 하나면 밥상이 그럴 듯하잖아요. 반찬들 사다놓으면 밥만 하면 되니까 '집밥'이 어렵지 않아요. 밥해 먹기도 쉽고 절약도 되는 거죠. 좋아하는 반찬이 있구나 떠올리면 맛있게 먹을 생각에 기분도 좋고 집에서 해 먹을 동기부여도 되죠. 요샌 요리들도 다 만들어서 팔잖아요.

진송   저는 밥을 얼리고 녹일 수 있다는 게 참 편한 것 같아요. 전자레인지와 냉동실 그리고 각종 보관용기들 덕분이죠. 한 공기 분량의 밥을 넣어 얼리고 데우는 전용 용기도 나오는데 그 용기째로 데우면 밥이 촉촉하게 유지돼요.

애순 맞아요, 그게 참 좋죠. 즉석밥도 구비해놓으면 좋고. 밥만 한다고 해도 집에서 밥을 해 먹으려면 미리 좀 준비가 필요하니까 조금 부지런할 필요는 있겠죠.

전송 우리 식문화는 여러 면에서 가족중심주의적이고 또 집단주의적이잖아요. 여성의 요리는 항상 '엄마의 마음'이나 '아내의 정성' 같은 걸로 포장되고. 어떤 반찬 판매 업체에서는 시어머니를 속이려고 반찬을 사는 며느리 같은 이미지로 마케팅을 해서 비판받기도 했는데요. 홈쇼핑 같은 데서 음식을 팔 때 "아빠 안주, 아이들 간식"이라고 광고하면 저는 괜히 TV에 대고 그래요. "싫은데~ 나는 내 안주랑 간식으로 먹을 건데~!" 비혼 여성들의 식사 준비를 위한 노동 시간은 온전히 나를 잘 먹이고 돌보기 위한 것이니 좀 더 자기에게 투자하는 시간으로 이해하면 되겠네요. 만들어 먹기도 하고 사 먹기도 하면서 유연하게 식생활을 채우는 거죠.

애순 물가가 엄청 올라서 혼자 먹을 때는 노력과 시간, 재료비를 따지면 사 먹는 게 낫다고 생각해요. 그래서 나도 반찬을 사 먹는 거예요.

전송 전반적으로 식문화에 대한 정의와 감수성 자체가 바뀌어야 한다는 말이 많이 나와요. 흔히 '엄마'가 해주는, 조미료가 안 들어가고 품이 많이 든 요리들을 '집밥'이라고 부르는 경향이 있는데 그건 시대착오적 판타지 같아요. 지금의 2030 세대들은 대부분 보호자가 모두 경제활동을 하는 환경에서 자랐고, 또 인스턴트 식품이나 반조리 식품에 익숙해서 미디어가 계속 노출시키며 강요하는 '집밥'의 이미지에 딱히 향수를 느끼지 않을 수 있거든요.

애순 "집밥이 따로 있나 집에서 먹는 게 집밥이지"라는 반찬 배달 업체 광고 속 대사도 있잖아요. 집은 쉬는 곳이지 밥하는 곳이 아니라는 거죠. 나도 요리를 그렇게 즐기지 않아요. 사람마다 가장 효율적으로 집에서 잘 먹을 수 있는 방법이 다르니 그걸 각자 잘 조율했으면 좋겠어요. 가끔 몸에 좋은 음식을 스스로에게 선물하면서 건강을 챙기고.

전송 그럼 집밥이랑 외식 비율은 어느 정도가 좋을까요?

애순 형편에 따라 하면 되죠. 끼니 때에 밖에 있으면 사서 먹는다는 식으로 자기에게 맞는 비율을 찾아보는 거예요. 굳이 집밥 먹으려고 배고픈데 집까지 올 필요 뭐 있어요. 사 먹는 음식들로 간단히 해결할 수도 있잖아요. 만두나 김밥 몇 개 먹어도 되고요. 저녁을 거지같이 먹으라고 하잖아요. 자기 전에 너무 많이 먹으면 멍청해져요.

(진송)　　어제 저녁 많이 먹었는데요. 아니, 사실 매일 많이 먹는
데… 멍청해졌다?!(웃음)

혼자서 잘 먹고 잘 살았습니다만

✦

불규칙한 식사가 초래하는 위장병을 조심해야 해요. 혼자 사는 사람들은 의식적으로 자기 몸을 스스로 챙기려고 노력하는 게 좋아요.

전송 누군가는 "혼밥은 사회적 자폐" 같은 소리를 할 만큼 우리의 식문화는 가족중심주의적이고 집단주의적이잖아요. 혼자 밥 먹는 것을 어딘가 처량하고 초라하게 보는 시선도 아직 유효하고요. 그에 맞서 혼자서도 잘 먹고 잘 사신 '팁'을 전수하자면?

애순 재료가 맛있으면 되는 간단한 요리들을 익히는 게 좋아요. 예를 들면 돼지고기 김치찌개요. 김치만 맛있으면 되잖아요. 김치에 각종 양념이 들어가서 따로 육수를 낼 필요도 없어요. 또 하나는 냉잇국. 봄에 냉이만 있으면 쉽게 끓일 수 있죠.

전송 한식은 가짓수가 많아야 잘 차렸다는 느낌을 주는데, 그렇게 일품요리 개념으로 생각하면 가짓수가 적고 조리과정이 간편하더라도 식사의 질은 어느 정도 보장이 되겠네요.

애순　냉이만 넣지 말고 묵은지를 조금 넣으면 더 맛있어요. 쑥국도 마찬가지예요. 김치를 조금 넣으면 장맛을 더 살려주죠. 맛있는 재료만 넣고 만든다고 맛있는 건 아니에요. 집밥을 해 먹다 보면 자기만의 노하우가 생기잖아요. 있는 재료를 이것저것 조합해서 적당히 내 입에 맞는 맛을 내면 요리 잘하는 거예요.

진송　선생님이 기본적으로 요리에 센스가 있으신 거 아닐까요? 요리를 못하는 사람들은 그걸 가장 어려워하거든요. '이것저것 넣어서 적당히 맛을 낸다' 절대 도달하지 못하는 경지죠. 이것저것 넣었더니 음식물 쓰레기가 만들어지는 슬픔이란.

애순　어떤 사람들은 요리책 갖다놓고 레시피대로 따라해도 맛없는 음식을 만들어내죠. 그럼 그냥 무리하지 말고 사 먹어요.

진송　맞아요. 모두가 셰프가 될 필요는 없으니까. 저는 식단을 사진으로 정리해보는 것도 방법인 것 같아요. 스마트폰이 있으니까 이미지를 남기고 기록하는 것이 쉬운 시대잖아요. 내가 뭘 먹고 살았다, 뭘 만들었다 그런 것들을 찍으면 혼자 먹더라도 플레이팅이나 영양소 균형에도 좀 더 신경을 쓰게 되더라구요. 반찬 고민되는 날에는 한번 쭉 보면서 '아 이거 맛있었지' 하면서 메뉴 고르기도 편하고.

애순　혼자 살다 보면 굶을 땐 마냥 굶고, 먹을 때는 폭식을 하니까 위장병에 많이 걸리죠. 그런 걸 조심하고 규칙적인 식사를 해야 해요. 외식이든 집밥이든 간에요. 혼자 사는 사람들은 자기 몸을 스스로 챙기려고 의식적으로 노력하는 게 좋아요.

전송　혼자 살면 먹을 수 있는 음식이 제한되잖아요. 2인분 이상 파는 음식들도 많고. tvN 드라마 〈식샤를 합시다〉를 보면 혼자서는 먹을 수 없는 해물찜 때문에 소개팅에 나가는 여주인공도 나오거든요. 맛있는 걸 먹으려고 사람을 모으신 적은 없으셨어요?

애순　먹는 거에 좀 의연해졌어요. 갑자기 뭐 먹고 싶을 때 친구들 모으기가 쉽지 않더라고요. 먹고 싶더라도 보통 참아요. 혼자 먹을 수 있는 다른 음식을 먹으면 되죠.

전송　먹고 싶을 땐 참아라. 역시 진리는 평범하군요. 그리고 지키기 어려워 저는 오늘도 못 지킬 예정입니다. 참, 대학생 때 선배들이 'JJ'라고 '지역주민'의 ㅈㅈ발음을 따서 모임을 만든 적이 있어요. 정기적으로 야채와 과일을 먹는 모임이었죠. 다들 하숙하고 자취를 하는 사람들이었는데 과일이나 야채를 혼자 사면 양이 너무 많고 남으니까 각자 먹고 싶은 걸 사와서 같이 먹기 시작한 거예요.

애순　　그런 식으로 영양 균형을 챙기는 건 좋은 방법이네요. 그리고 맛있는 거 먹고 싶을 땐 먹어야죠. 난 한번 맛있는 곳을 발견하면 단골로 다녀요. 친구들끼리 맛집 찾아다니는 건 참 좋으니까.

진송　　집에서 끼니를 챙기실 때도, 외식을 할 때도 영양이나 맛을 생각해서 부지런히 움직이셨네요. 통계를 보면 혼자 살거나 혼밥 하면 건강을 해친다고 그러던데 그건 비혼이나 1인 가구여서가 아니라, 얼마나 식생활에 신경을 쓰느냐의 차이에 있는 거잖아요. 누군가 비혼에게 '초라하고 옹색한 혼밥'의 이미지를 씌우려고 하면 고개를 들어 선생님을 보게 해야지.

'혼밥'하면 어떡하긴 어떡해 맛있지

◆

괜히 함께 먹는 문화에 '정'이나 전통적인 가치를 투영해서 혼자 밥 먹는
걸 슬픈 현대인의 초상 어쩌구 하고 싶어 한달까.

(전송)　선생님은 밖에서 '혼밥' 해보셨어요?

(애순)　밖에서 먹어야 된다면 혼자 가서 먹죠. 젊을 때는 혼자
절대 안 먹었어요. 출장을 가도 굶었다가 집에 와서 먹고요. 집 나
온 여자같이 보일까 봐서요. 지금은 혼자서도 외식을 하곤 하죠.

(전송)　옛날에는 확실히 혼자 외식을 하는 사람이 잘 없었겠네
요. 편의점처럼 간단히 때울 데도 없고. 많이 불편하셨겠어요.

(애순)　거의 없었죠. 혼자 먹는 사람을 큰 근심이 있는 사람으
로 봤고요. 예전에는 또 여성들이 집에서 주로 살림을 했고 밖에
나가서 혼자 밥을 먹을 일이 거의 없었잖아요. 혼자 밥을 먹을 상
황에 처하는 여성 직장인도 많지 않았을 때고요.

전송   젊은 시절에 혹시 혼자 외식을 하려고 시도해보신 적은
있나요?

애순   시도조차 못 했었어요. 요즘에는 편의점에서도 혼자 한
끼를 해결할 수 있잖아요. 김밥도 있고 도시락도 있고 샐러드도
있고 다양하죠. 젊은 사람이 혼자 살기에 참 좋아졌어요. 간편
식과 배달음식도 넘쳐나고 심지어 가정식도 배달해주잖아요. 요
구르트 배달하는 분에게 반찬이나 조리식품을 시키는 서비스도
있고요.

전송   저는 20대 초반일 때, '혼술' '혼밥'이라는 말이 나오기
전부터 혼자 먹는 게 아무렇지 않았거든요. 그러다 생각이 든 게,
젊으니까 오히려 눈치를 안 보고 식당에서 혼자 먹을 수 있는데
내가 나이가 들면 창피하고 꺼려지지 않을까 하는 거였어요. 왜
냐하면 나이 든 여자가 혼자 식당에서 밥 먹는 모습은 우리에게
아직 많이 낯서니까요. 그런데 선생님은 나이가 들고 더 자유로
워지셨네요.

애순   나이 먹으니까 오히려 덜 부끄러워졌어요. 요즘에는 '홈
푸드서비스'도 있잖아요. 집밥처럼 음식을 해서 포장 후 갖다주
죠. 그 음식들을 집에서 차려놓으면 직접 한 거랑 다를 게 없어
요. 밥을 하기 귀찮다고 꼭 음식점에 가서 사 먹지 않아도 되는
거죠.

전송 사실 집에서 혼자 밥 먹는 전업주부들이나, 노동시간이 남들과 다른 사람들 등 혼밥 하는 사람들은 늘 있어왔는데, 요즘 혼밥을 조명하는 시선이나 담론은 좀 유난스러운 데가 있는 것 같아요. 괜히 함께 먹는 문화에 '정'이나 전통적인 가치를 투영해서 혼자 밥 먹는 걸 슬픈 현대인의 초상 어쩌구 하고 싶어 한달까….

애순 슬프긴 뭐가 슬퍼요. 식당에서 혼자 앉을 자리 없다고 안 받아줘서 맛있는 거 못 먹는 게 제일 슬프지. 요새는 음식점에도 혼자 앉을 수 있는 테이블이 많이 생겼더라고요. 예전에는 작은 테이블 자체가 거의 없었어요. 그래서 바쁜 시간에 혼자 먹으러 가면 눈치가 보였던 거야.

전송 가끔 저도 아직 편견에서 많이 벗어나지 못했다고 생각을 하는 게, 예전에 식당에서 밥을 먹고 있는데 선생님과 비슷한 연령대의 여성분이 오셔서 혼자 식사를 하시더라구요. 주로 1인 테이블이고 외국 음식을 파는 곳이라 무의식적으로 '학생들만 오는 곳'이라고 생각하고 있었는지 그 장면이 신선하게 느껴지더라구요. 누구든, 어디서든 자유롭게 식사할 수 있는 방향으로 외식 문화도 바뀌었으면 해요. 즉석떡볶이나 보쌈처럼, 1인분씩 파는 건 불가능하다고 생각했던 메뉴들을 1인 식사용으로 출시하는 식당들도 늘어나는 추세니까.

나 혼자 (잘) 살았다

✦

자기가 편할 정도의 공간만 있으면 돼요. 혼자 사는 사람은 방 두 개도 필요 없어요.

진송   선생님의 현재 주거 형태에 대해서 간략하게 이야기해 주실 수 있을까요?

애순   지금 20년째 한 원룸에서 살고 있고, 자가이지요. 그 전에는 넓은 응접실에 방 두 칸짜리 전셋집에 혼자 살았는데 오히려 지금보다 불편했죠. 관리하기도 힘들고.

진송   한 집에서 이사도 안 가고 굉장히 오래 사셨네요?

애순   집은 살기 좋고 마음 편하면 된 거예요. 이사는 아무리 짐이 적어도 피곤하잖아요.

진송   아무래도 혼자 살기에게는 관리하기 편한 작은 집이 좋을까요? 저는 그래도 여유 공간이 있는 곳에서 살고 싶어요.

애순 자기가 편할 정도의 공간만 있으면 돼요. 혼자 살면 손님을 잘 안 데려오게 되더라고요. 친척들도 서울 온다고 혼자 사는 집에서는 묵어가려고 하지 않고요. 그래서 혼자 사는 사람은 방 두 개도 필요 없어요. 방 두 개짜리 집에서 살았을 때 한 번 도둑을 맞은 적이 있거든요. 문이 닫힌 방에 도둑이 숨어 있다가 튀어나와서 도망가더라고. 그 이후로는 퇴근해서 집에 오면 건넌방에서 누가 튀어나올 것 같아서 무서웠어요. 그런데 원룸은 집 전체가 시야에 들어오니까 너무 안심이 되는 거예요. 그리고 좀 싸잖아요. 가장 작은 평수의 방 두 개짜리 아파트도 원룸보다 비싸잖아요. 혼자만의 경제생활로는 원룸 잡기도 힘든 경우가 많을 거예요.

전송 집을 구할 때 고려해야 될 다른 사항이 있을까요? 방금 말씀하신 적정한 크기와 가격이 제일 중요할 거고요.

애순 비혼으로 혼자 사는 사람은 보통 월세로 살죠. 그래도 혼자 사는 사람들에게는 집을 잘 내주는 편이에요. 깨끗하게 쓸 것 같고 가족이 없으니까 시끄럽지도 않고 훨씬 낫다고 생각하는 경향이 있어요. 전세는 요즘 매물이 없다지만 돈을 좀 모으고 대출을 껴서 전세를 목표로 하는 게 좋아요. 월세가 요즘 너무 비싸서 월급 받아 월세 내면 남는 것도 없다면서요. 그러면 저축은 꿈도 못 꾸는데, 그렇게 되면 혼자 살면서 닥치는 경제적 변수에 전혀 대처하지 못하게 되잖아요. 그 리스크를 고스란히 혼자 감당해야 하거든요. 가능한 한 월세를 적게 내는 쪽으로 궁리를 해야 해요.

(진송) 저도 공감해요. 그런데 목돈을 모으기도 어렵고, 혼자 사는 여자들은 '안전비용'이라는 걸 고려해야 하거든요. 부동산에서도 혼자 살 여자라고 하면 3층 이상의, 현관에서 보안카드를 써야 하는, 대로변의 매물들을 추천하는 걸 보면 알 수 있죠. 월세가 싼 집들은 아무래도 보안이 취약한 경우가 많아서 항상 고민인 것 같아요.

(애순) 그건 옛날이나 지금이나 똑같네요. 여자 혼자 살 때는 외진 곳은 피해야 하죠. 지하나 옥탑방 같은 경우에는 여자들이 혼자 살기에는 안전 문제가 있어요. 저도 혼자 지내다 가슴이 철렁 내려앉는 순간들이 있었거든요. 그리고 편의 시설, 병원 등이 가까운지 살펴봐야 해요. 특히 병원이 중요해요. 혼자 사는데 갑자기 아프면 멀리 가기 힘드니까요.

(진송) 저는 대학교 주변에서 오래 살고 있는데, 월세가 비싸도 쉽게 떠나질 못하겠더라고요. 아무래도 친구들이나 아는 사람이 가까이 있는 게 마음이 편해서요. 서로 불시에 어떤 일이 생겼을 때 빨리 달려갈 수 있는 거리에 살아요.

애순 　가족이 없을 땐 그게 정말 의지가 되죠. 그런데 나이가 들수록 쉽지 않더라고요. 친구들이 결혼을 해서 전국에 흩어져 있거든요.

전송 　음, 그렇겠네요. 생각해보니 저도 벌써 결혼해서 다른 지방으로 떠난 친구들이 꽤 되네요.

애순 　혼자 살면 이웃이나 집주인과 좋은 관계를 맺어놔야 해요. 갑자기 아파서 구급차를 부른다고 하더라도 병원에서 뭔가가 필요할 때 부탁할 수 있죠.

전송 　집을 구할 때 어려움은 없으셨는지 궁금한데요. 20년 동안 같은 집에 사셨으면 부동산과 접촉할 일은 많이 없으셨겠네요?

애순 　아무래도 그렇죠.

전송 　그 전에는 그래도 계속해서 이사를 다니셨을 텐데, 부동산과 거래할 때 결혼을 안 했다거나 남편이 없어서 커뮤니케이션에 문제가 생기거나 불이익을 받은 적은 없었나요?

애순 　그런 걸 물어보지는 않았어요. 다만 계약을 할 때는 혼자 가면 안 되더라고요. 동생이나 오빠, 형부처럼 어쨌든 남자를 데려가야 돼요. 그래야 불상사를 미연에 방지할 수가 있어요. 혹시나 물어보면 같이 살 거라고 그래야죠. 여자 혼자 산다고 알려지지 않는 것이 제일 좋죠.

(진송) 선생님처럼 남동생이나 친구나 동창이나 있으면 다행인데 요즘엔 외동도 많고 가족 구성원이 소규모잖아요. 예전처럼 동창회가 활발하지도 않고. 잠깐의 필요에 의해서 성인 남자를 대동하는 것 자체가 어려워지고 있어요.

(애순) 확실히 그렇겠네요. 우리 때는 형제도 많고 동창회가 활성화되어 있으니까. 지금도 한 달에 한 번씩 만나요. 당시 2층이었던 셋방으로 이사를 할 때도 원룸으로 올 때도 남자 동창들이 다 도와줬죠. 이제는 동창들이 다들 나이가 있으니까 주로 조카들이 도와줘요.

(진송) 여기서도 남자 보호자가 표면적으로라도 필요한 순간이 있다는 현실을 실감하네요. 근본적인 문제는 결혼을 했건, 하지 않았건 여성들이 그런 불편함이나 어려움을 느끼지 않아야 한다는 것이지만.

(애순) 옛날에는 집수리 같은 것도 동창이나 조카를 부르거나, 업자를 불러도 남자가 와서 이렇게 해달라 저렇게 해달라 다 부탁해야 제대로 됐어요. 그래도 이제는 정보도 많아서 여자 혼자

서 셀프 리모델링 같은 것도 잘 하고, 리뷰 같은 걸 인터넷에 많이 쓰니까 업체에서도 잘 해주는 편이더라고요.

（전송）　생각할수록 선생님이 어떻게 버티셨나 싶네요. 요즘에야 이것저것 물건이나 서비스가 많지만 아무것도 갖춰지지 않은 상태에서 시작하신 거니까요. 약간 이런 과정들이 귀찮으니까 그냥 결혼해버리자, 이런 생각은 안 하셨나요?

（애순）　（단호하게） 전혀요.

（전송）　아, 선생님의 이런 단호함 너무 좋습니다. 요즘엔 이런 태도를 두고 단호박 향이 물씬 풍긴다고 하거든요.

차가운 도시의 싱글레이디

✦

서울에 와서 혼자 살면서 대학을 다녔던 경험 없이 계속 살았으면 비혼을 선택하고 유지하는 것이 어려웠을 거예요.

진송   여자 혼자 산다고 알려지는 것에 대한 불안은 요즘 택배 안심번호서비스나, 배달음식 선결제를 해서 배달원과 접촉하지 않아도 되는 서비스 이용 등으로도 드러나요. 예전에는 혼자 사는 여자가 지금보다도 훨씬 드물었을 텐데, 되게 눈에 띄지 않으셨어요?

애순   그렇죠. 당시만 해도 마을 규모도 작고 구성원들이 서로 다 알고, 그러다 보면 조금만 달라도 금방 튀잖아요. 그런데 내가 도시에 사니까 나은 편이었어요. 도시에서는 남의 사생활에 관심을 많이 두지 않잖아요. 여자 혼자 살기에는 치안 문제도 그렇고 여러모로 도시가 나아요.

진송   맞아요. 맨날 냉혹한 현대인들, 차가운 도시, 정이 사라진다 어쩌구저쩌구 해도 도시의 그런 익명성은 분명히 장점으로 작용하기도 하죠. 하지만 서울-수도권 생활자라는 건 특권이잖아요. 모두가 도시에 살 수도 없고. 제가 구독하는 페미니스트 저널 〈일다〉에 비혼 여성으로 농촌에서 살아가는 이야기가 실려서 인상 깊게 읽었어요.

애순　혼자서는 많이 힘들 거예요. 내가 공무원을 하면서 지방에 살 때는 6년 정도 하숙을 했는데 집주인하고 같이 사니까 그나마 안전한 편이었지.

진송　집주인 가족들이 결혼에 대해서 참견하거나 하진 않던가요? 어르신들은 젊은 여자를 보면 무조건 예비 며느리로 보잖아요.

애순　나한텐 안 그랬어요. 딱 봐도 비혼주의자였나 보죠(웃음). 내가 그 당시 마을에서는 흔치 않은 대졸이라 어려움이 있기도 했을 거예요. 추천해줄 만한 사람이 없었던 거죠.

진송　아, 계급의 문제가 있었군요.

애순　네. 내가 고등교육을 안 받았다면 또 어떻게 대했을지 모르지요.

전송   저도 여자 혼자 살기에는 도시가 낫다는 선생님 말씀에 공감하지만, 이 문제는 결국 도시와 비도시, 수도권과 비수도권의 격차로도 해석할 수 있을 것 같아요. 감수성이나 인프라 두 가지 측면에서 모두요. 폐쇄적인 공동체 위주의 사회에서 결혼하지 않은 여자는 누구의 딸, 누구의 예비 아내, 예비 엄마로 포착되고 개인으로 인정받기 힘들죠. 저도 어릴 때부터 많이 봤거든요. 친척들 사이에서 결혼하지 않은 구성원이 골칫덩이가 되는 장면들을요. 인프라 측면에서는 많은 자본들이 서울이나 대도시에 쏠려 있잖아요. 그러다 보니 개인으로 머물 수 있는 공간도 많이 부족하고. 《복학왕의 사회학》이라는 책을 보면 지방의 청년들이 가족 중심의 보수적 가치관으로 회귀한다는 분석이 있더라고요. 지방과 비수도권에 일자리가 부족하다 보니 결국 도시로 떠나거나, 남은 이들은 가족 중심의 관계에 정착한다는 거예요. 독립된 개인으로 살기 힘들어지는 환경에 처하는 거죠.

애순   그렇죠. 제가 그 당시에 서울에 와서 혼자 살면서 대학을 다녔던 경험 없이, 지방에서만 계속 살았으면 비혼을 선택하고 유지하는 것이 꽤나 어려웠을 거예요. 전 여러모로 운이 좋아요. 이제는 운이 좋지 않아도, 서울이나 도시에 살지 않아도, 결혼하고 싶지 않은 사람들이 자유롭게 비혼으로 살 수 있었으면 하는 거죠.

어떻게 살까요

◆

동반자 등록법이 통과되고, 다양한 삶을 이해하려는 노력이 수반된다면 주거 공간과 제도에도 많은 변화가 있을 거예요.

전송 비혼은 결혼을 안 했으니 혼자 살기도 해야 하는데 그 전에는 보통 부모님과 동거 중이죠. 그때 독립을 준비하잖아요. 선생님이나 저처럼 타 지역으로 대학을 진학하거나 취업을 하면서 자연스럽게 독립하는 경우가 아니라면요. 그런 시기에 어떤 것 위주로 준비하는 게 좋을까요?

애순 가장 먼저 주거 공간을 구해놔야죠. 그럴 만한 경제력을 키우는 것도 필요하고요. 요리 연습도 틈틈이 해놔야 해요. 제일 편안하고 익숙한 침구를 챙겨놓고요. 혹시 모르니 베개도 두 개 이상은 찜해두고요(웃음). 주거가 안정이 되어야 하는데, 현실적으로 어려운 걸 알아도 자가로 집이 있는 게 제일 낫다고밖에 말할 수 없어서 미안하네요.

전송 요즘엔 집값이 워낙 비싸서 다양한 대안이 등장하는데요. 여럿이서 한집에 모여 사는 셰어하우스가 가장 대표적인 방법이고, 자녀들이 독립하고 나서 방이 비는 노년층이 저렴한 가격에 대학생들에게 방을 임대하는 방식도 생겼어요. 선생님께서는 다양한 주거 형태를 경험해보셨는데, 비혼들에게는 어떤 것을 추천하시겠어요?

애순 아파트는 비싸니까 일단 제외하고, 같이 살고 싶다면 사생활 보호를 위해 방 여럿이 딸린 다세대 주택이 적합하다고 봐요. 일단 각자 방은 다 있어야 하고요. 그게 최소 조건인 것 같아요. 남이랑 같이 방을 쓰는 건 단기적으로는 몰라도 장기적으론 힘들어요.

전송 최소 단위라도, '자기만의 방'이 필요하다.

애순 그렇죠. 남들하고 같이 산다는 게 쉽지 않아요. 뭐든지 사소한 것이 가장 큰 문제가 되거든요. 부부끼리도 맞춰가기가 쉽지 않다고 하잖아요. 바빠 죽겠는데 아침부터 오래 샤워하고 물도 많이 쓰는 사람과 산다면 짜증이 날 수밖에 없는 거죠. 씻는 거나 식사 당번이나 서로를 배려해서 규칙을 정하고 잘 지켜야 해요. 그래서 타협이 수월한 가족이나 친척과 사는 게 좋아요. 남남끼리는 의 상하기가 쉬우니까요.

전송 저는 한 번도 남과 같이 살아본 적이 없다 보니까 그런 상상을 하거든요. '우리'는 영화 보는 걸 좋아하니까 거실에 빔 프로젝터를 설치하자, 집을 각자 방도 있지만 거실에서 함께 생활할 수도 있는 공간으로 만들어보자라는 생각요. 너무 유토피아적인가요?

애순 같이 살면 그런 재미는 있긴 해요. 취미가 같으면 가족보다 더 친밀해지기도 하죠. 그런데 모든 취향이 일치할 수는 없으니까, TV를 두고도 나는 스포츠 보는데 너는 영화를 보면 벌써 갈등이 시작되는 거죠. 서로 맞추는 게 정말 쉽지 않아요. 또 사람은 한집에 같이 살아봐야 알아요. 밖에서 만나서는 절대 알 수 없는 것들이 있거든요. 같이 살기 전에 함께 여행을 가서 서로의 생활 습관을 파악해보는 것도 좋은 방법이에요. 사소한 거 하나하나 다 맞춰봐야 돼요.

전송 하긴 치약을 중간에서부터 짠다, 라면을 끓일 때 면을 넣고 빈 포장지를 다 먹을 때까지 치우지 않는다는 걸로도 싸우는 게 생활 습관 차이의 무서움이죠.

애순 부부라면 좀 맞추겠지. 우리 때는 부인이 희생해서 남편에게 맞춰가는 일들이 빈번했어요. 그런데, 그러기 싫어서 결혼하지 않기로 결심했더니 같이 사는 사람한테 스트레스를 받는다? 생각만 해도 골치가 아파. 이건 내 편견일 수도 있지만, 혼자 사는 여자들은 비교적 자기주장이 강하거든. 난 그런 성격 덕분에 자신을 다잡고 비혼을 유지하고 혼자 잘 살았고요.

전송 아무래도 비혼이 남들과는 다른 생활양식이다 보니, 그런 생활 방식을 택한 여성들을 '고집이 세다'고 보는 측면이 있었나 봐요. 전 좀 무른 편이지만 비혼을 지망하고 있습니다!

애순 아직 너무 이르다니까.

전송 (웃음) 선생님도 남이랑 같이 살아본 적이 있으시죠?

애순 있지, 1년 정도. 선배와 선배 조카까지 셋이서 같이 살아봤는데, 선배는 성격이 급하고 자주 버럭 화를 내더라고요.

전송 남과 같이 살기 전에 꼭 신경 써야 할 게 있을까요?

애순 같이 살게 되더라도 혼자 독립하는 것처럼 준비를 해야 하고, 아는 사람끼리 살면 금전 관계를 철저히 해야 해요. 같이 사는데 돈 빌려가서 제때 갚지 않고 흐지부지하면 싸움 나는 거죠. 부부간에도 금전관계로 빈정 상하기 일쑤인데요. 그리고 같이 살 때 이성 친구를 절대 집에 데려오면 안 돼요. 뭐 서로 신경 안 쓰는 쿨한 관계라면 괜찮지만, 그래도 집은 편한 곳이어야 하잖아요. 생판 남인 다른 이성이 집에 있다고 생각하면 얼마나 불편해요.

(진송) 혹시 다시 그분들과 같이 살고 싶으신 적은 없었나요?

(애순) 아유! 싫어요.

(진송) (웃음) 그럼 다른 사람이랑도요?

(애순) 아니, 싫어요. 한 번 살고는 완전히 질려버렸어요.

(진송) 혼자가 좋은 걸로요?

(애순) 역시 그렇지. 부부간에도 늙으면 따로 자거나 각방 쓰잖아요. 남들하고 같이 산다는 게 속 편하지 않은 일이에요.

(진송) 꼭 친구가 아니더라도, 주거 형태에 대한 완전히 새로운 변화가 필요하다는 생각을 자주 해요. 저는 교환학생을 했는데 거기는 이성끼리 하우스메이트로 사는 경우가 드물지 않아요. 대학교에서 교환학생들에게 기숙사를 배정할 때도 남녀 섞어서 배정을 해주죠. 같은 건물, 같은 층, 같은 화장실을 쓰고 아파트형 기숙사라면 남녀가 같은 집에 사는 거예요. 독일은 그게 일반적이고 유학 중인 제 친구도 남자애 하나와 둘이 같이 살아요. 근본적으로 동거에 대한 인식과, 주거 형태가 달라졌으면 좋겠어

요. 이성이 같이 살아도 사고가 발생하지 않는다는 믿음만 있으면 그렇게 사는 것도 굉장히 좋을 것 같아요. 선택지가 훨씬 늘어나잖아요.

애순 한국에서는 불가능하지 않겠어요? 부모들이 알면 난리가 나겠죠. 남자와 여자가 아무 사이 아닌데 한집에 사는 게 말이나 되냐면서요.

진송 그런 인식의 변화가 필요하다고 생각하는데 사회를 전반적으로 뜯어고쳐야 하는 대형 프로젝트긴 하네요. 성교육부터 시작해서 바꾸어야 할 게 한두 개가 아니니… 일단은 '동반자 등록법' 제정이 시급한 것 같아요. 결혼 여부와 상관없이 성인 간의 동거관계를 인정해 가족처럼 세금 감면(건강보험료 각출 방지 등)과 사회보장 등의 혜택을 주는 방안인데요. 가족과 떨어져 사는 비혼의 보호자 수술 동의 문제의 해결책이기도 하고요. 또 주택을 구매하는 데 부부에게 혜택을 주는 것처럼 동반자 관계를 맺은 사람들에게도 혜택을 주는 내용도 들어가 있어요.

애순 동반자 등록법이 통과되고, 다양한 삶에 대한 이해를 바탕으로 동반자에 대한 감수성과 정의가 바뀌면 주거 공간과 제도에도 많은 변화가 있을 거예요.

진송 선생님이 이야기해주시면 좀 위안이 돼요. 항상 답답하다는 생각만 하는데, 그래도 멀리서 넓게 보면 조금씩은 바뀌고 있다는 희망이요. 산 증인이시니까.

애순 　어떤 건 격세지감이고, 어떤 건 아이고 아직도 '요 모양 요 꼴'이구나~ 한숨만 나오고(웃음).

"시작은 평범하게 달콤하게"

✦

선생님은 1990년대에 독신여성단체를 꽤 크게 만들고 운영하셨는데, 나는 그럴 깜냥이 안 된다. 뭐든지 판을 크게 벌리는 선생님이 장군님 혹은 책사 스타일이라면 나는… 한량…? SNS를 기반으로 익명의 소모임을 자주 주최하는데, 어디까지나 친목 목적의 1회성이다. 88용띠 모임, 페미니스트 송년회, 무서운 이야기 하는 밤… 어떤 조건에 얽매이지 않는 개인들의 느슨한 연대를 좋아한다.

하지만 정치적인 목적을 달성하려면 결집력과 가시화가 필요하다. 일단 보여야 하고, 비정상으로 규정하는 구별법에 저항해야 하며, 결혼 중심적으로 돌아가는 제도에 대한 개선과 비혼가구 지원 정책을 꾸준히 요구해야 한다. 온라인을 통해 선생님이 활동하던 시절보다 더 다양한 사람들을 빠르게 만나는 것은 가능해졌지만, 그만큼 뭉치기 쉽지 않은 면도 있다. 비혼 여성이라는 정체성은 공통점인 동시에 개인의 차이를 더 선명하게 드러내기도 한다.

그럴 때는 여성학자 정희진이 제시한 '이합집산離合集散'이라는 사자성어를 생각한다. 헤어졌다가 만나고 모였다가 흩어진다는 의미이다. 어딘가에 소속되지 않더라도, 서로 다른 정체성을 갖고 있더라도, 같은 요구사항을 관철하고자 모이고 뭉치고 다시 흩어진다. 유연하고 분방한 이 형태를 꿈꾸는 내가 너무 안일할까? 집단을 꾸리는 일은 김애순 선생님처럼 추진력과 행정적 능력을 갖춘 누군가가 대신해줄지도 모른다. 그러니 우선은 당장 할 수 있는 일부터 하자는 마음으로 복닥거리고 있다. 시작은 우선 평범하지만 달콤하게, 결혼지상주의를 주입하는 미디어를 비판하고 민원을 넣는 일부터. 결혼이 삶의 목표거나 중심이 아닌 나의 삶을 부지런히 쓸고 닦고, 때때로 내보이고, 글로 발표하고… 또 그런 이야기를 실을 공간을 만들고(독립잡지 〈계간홀로〉를 5년째 발행 중인데, 최근 나온 13호에는 비혼과 관련된 주제의 글이 여러 편 실렸다).

그럴수록 이기적인 비혼주의자, 어른 되기와 책임을 거부하는 철부지, 결혼시장에서 탈락한 '노처녀', 괴팍한 독신, 무수히 많은 이름표들이 나를 쫓아올 것이고 때때로 내 여린 살들을 푹 찌를 것이다. 그럼에도 비혼의 모습을 화려한 싱글과 고독사라는 양극단만 제시하는 사회에서, 그 사이 어딘가에 충실하게 나의 삶을 부려놓으려 한다. 나만이 할 수 있고 내가 해야 하는, 평범하고도 귀한 일이다.

4

다양한 비혼의 풍경

아파요 커스틴

✦

넷플릭스 영화 〈상사에 대처하는 로맨틱한 자세〉는 워커홀릭인 두 상사를 사랑에 빠뜨려 자유 시간을 얻으려는 두 비서의 작당 모의를 그려낸 로맨틱 코미디다. 배우 루시 리우가 유능한 스포츠 리포터이자 악랄한 상사인 '커스틴'을 연기한다. 커스틴은 영화 초반 줄줄이 잡혀 있는 친구들의 출산 파티 등을 취소하고 대신 선물을 보내라고 지시한다. 너무 많은 이벤트에 일일이 갈 수 없다며. 그러나 이후 비서들의 계획에 따라 사랑에 빠진 커스틴은 결혼을 결정한 뒤 친구들의 모임에 나간다. 잔뜩 들뜬 커스틴이 하는 말이 방심한 나의 갈비뼈를 때렸다. "나를 갑자기 자기들 세계에 끼워주더라니까. 다들 내가 언제 엄마가 될지(출산할지) 이야기하고 있어." 아, 아파요 커스틴.

그렇다. 커스틴은 결혼하거나 출산하지 않았기에 '자기들 세계'에 낄 수 없었다. 그가 아무리 뛰어나고, 친구들과 각별한 관계였다고 해도 말이다. tvN드라마 〈이번 생은 처음이라〉에서 결혼을 꿈꾸는 '양호랑'은 결혼하지 않은 여성을 빨간 코트에 비유한다.

"나는 이제 빨간 코트처럼 튀는 게 싫다. 엄마 친구들 중에서 결혼하지 않은 아줌마가 있었다. 몸매도 좋고 나한테 잘 해주고. 그런데 엄마들이 여행 갈 때는 그 아줌마를 빼놓고 가더라. 그 아줌마가 말하자면 빨간 코트 같은 거였다."

나는 아직까지는, 결혼한 친구들과 좋은 관계를 유지하고 있다. 내 친구들은 나의 선택과 삶을 존중한다. 그러나 이런 방식이 언제까지 지속될지는 자신이 없다. 관계와 상황과 인간은 변하기 마련이니까. 벌써 결혼 이후에 멀어진 사이도 있다. 결혼이 원인이라기보다는 그렇게 될 사이였기 때문이겠지만.

두렵지 않다고 하면 거짓말이다. 지금이야 결혼 안 한 친구들끼리 모이기도 쉽고, 나이 들면 모여 살자 으쌰으쌰 하지만 인생은 예측불허니까. 게다가 결혼하지 않았다는 것만으로 뭉치기에 인간은 너무나 복잡다단하여, 비혼 여성이라고 다 찰떡같이 죽이 맞진 않더라고요. 그러니 비혼 여성들의 우정을 너무 낭만화하거나 과장할 생각 없이 그저 마음 맞는 개개인을 잘 챙기고 돌보며 지내보려고 한다. 이 글을 읽는 분 중 함께하실 분은 전화 주세요 010….

사실 나를 아프게 하는 것은 내가 소중히 여기는 사람들이다. 의미 없는 사람들의 참견이나 따돌림은 뺨에 앉은 파리 같은 것이라 한번 휘저어버리면 끝이지만. 좋아하던 친구의 모든 포커스가 결혼에 맞춰지면서 내가 그 바깥으로 튕겨나가는 경험은 좀 많이 속상하다. 그래도 어쩌겠는가. 여기까지가~ 끝인가 보오~ 한 곡 부르고 보내드려야지. 친구들과의 대화에 끼겠다고 결혼할 수는 없는 노릇이니까.

'독신주의자'의 연애

✦

동정심에, 미안함에 못 이기는 척 결혼해버리면 대참사가 벌어져요.

진송 선생님이 쓰신 책에서 보면 여러 남자들이 선생님을 따라다녔잖아요. 그들의 마음을 모두 받아주지 않으셨죠? 그분들에게 죄책감 비슷한 감정을 느끼고 계신 게 인상적이었거든요. 구애하는 사람에 대한 죄책감이나 거절하면 나쁜 사람이 되는 분위기가 여성의 선택권에 압박을 가하는 건 요즘에서야 조금씩 이야기가 나오고 있어요. 선생님처럼 당당한 분은 자유로울 줄 알았는데 역시 힘든 순간들이 있으셨나 봐요.

애순 다 거절했죠. 근데 내가 또 얼마나 잘났다고 그 사람들에게 상처를 주나 싶기도 해서요.

진송 열심히 구애를 하면 좀 받아줘야 한다는 인식은 연애에서 순정을 강조하거나, 연애 과정을 더 극적인 미담으로 포장하기도 해요. 남자 연예인들이 와이프를 계속 쫓아다녀서 결국 결혼하게 된 이야기가 무용담처럼 방송에 나오잖아요.

애순   저 사람 놓치면 이제 다른 사람 없겠지 싶은 마음에 그러는 거 아닐까.

진송   그럴 수도 있겠지만, "열 번 찍어 안 넘어가는 나무 없다" 같은 잘못된 구애 문화가 원인이라고 생각해요.

애순   내가 받아줄 수 있는 상대들이 없었어요.

진송   '남친이 없었어도 너랑은 사귀지 않았을 거야' 이런 건가요?

애순   미안은 한데, 내 스타일이 아니야. 그런 거죠.

진송   역시 연애감정과 미안함과는 별개죠. 그런데 미안해서 받아주는 경우가 은근 많아요. 아까 선생님이 말씀하셨던 것처럼 '내가 뭐라고'라는 생각이 들거나, 받아들이지 않는 여성을 주변에서 냉정하다고 비난하는 경우도 흔하죠. 오랜 연애 상대의 청혼을 거절하지 못하고 결혼하는 경우도 있고요.

애순   동정심에, 미안함에 못 이기는 척 결혼해버리면 대참사가 벌어져요. 나랑 맞지도 않고 내 스타일도 아닌 사람이랑 살려고 했으면 진즉 열두 번도 더 결혼했지.

진송   이런 마음가짐이 끌려가는 연애나 결혼을 탈출하는 팁인 것 같아요. '니 마음은 알겠는데 넌 내 스타일이 아니야.' 연애 단계에서부터 끌려가지 않도록 선생님의 말씀을 새기겠습니다.

애순   우리 집에 와서 울었어요, 어떤 사람은. 그래도 어떡해. 못 하는 거지.

진송   그렇게 행동하는 여성을 요즘에는 '철벽녀'라고 해요. 그런데 이것도 되게 웃긴 이름 붙이기예요. 원하지 않는 구애나 관심을 거절하는 건 당연하고 자연스러운 일인데, 그렇다고 해서 철벽녀라니. 저는 '굳이 철벽녀가 아니어도, 성격상 좀 단호하지 못해도 어때?' 그렇게 생각해요. 개인의 성품과 무관하게, 누구나 결혼 강요 없이 비혼을 선택하고 유지할 수 있었으면 해요.

애순   그러면 좋지. 그런데 지금은 힘들다는 게 현실이지.

진송   이건 좀 넓게 보면 No라고 말하기 힘들게끔 여성을 길들이는 동시에, 거절을 거절로 받아들이지 않는 문화의 영향도 있다고 봐요. 결혼을 하지 않는 삶에 대한 공포를 주입하는 억압이 사라지면 마지못해 결혼하는 일도 줄어들겠죠?

열린 가능성으로서의 비혼

✦

적극적인 비혼주의만을 비혼의 형태로 인정한다면 그 외의 결혼하지 않은 다양한 삶을 제대로 살필 수 없겠죠.

진송 선생님, '비혼식' 행사에서 한마디 해달라고 했던 요청을 거절하신 적이 있죠? 비혼주의를 선언하고 가능성을 닫아놓는 것에 대해서는 우려를 표하셨고요.

애순 굳이 비혼식까지 할 필요가 있나 생각했어요. 결혼 안 하면 안 하는 거지, 그게 뭐 특별하다고 행사까지 할 일인가? 싶었던 거죠. 나야 중학생 때부터 결심했지만 안 한다고 밝히고 다니진 않았거든. 누가 "왜 결혼 안 해"라고 하면 "할 사람이 없다"라고 해버리는 정도였죠. "남편감 소개해주세요"라고 빈말을 하기도 하고요.

진송 적당히 그냥 넘어가신 거군요. 그때는 비혼에 대한 인식이 지금보다 훨씬 척박했으니까 괜한 감정 소모를 피하려는 타협도 필요하셨겠네요.

애순　남한테 일일이 내가 왜 이렇게 살 거냐면, 하고 설명할 필요를 못 느꼈어요. 그런데 요즘에는 청년들이 비혼주의라고 밝히고 비혼식도 하고 축의금을 회수한다고 하니까 나는 사실 잘 이해가 안 돼요.

전송　일종의 퍼포먼스 아닐까요? 결혼식처럼 일부러 어떤 의식을 치러서 비혼이라는 삶의 형태도 있다는 걸 보여주는 거죠.

애순　나중에 결혼하게 되면 어쩌려고요. 사람은 자기가 한 말에 대해선 항상 책임을 져야 되거든. 실컷 안 한다고 말하고 다녔는데 결혼하게 되면 어쩔 거예요. 난 그럴까 봐 말 안 한 것도 있어요.

전송　그럼 선생님은 언제까지 내가 지향하는 결혼관과 맞는 사람이 나타나면 결혼을 할 수 있을 거라고 생각하셨어요?

애순　나는 그런 생각 안 했어요. 내 경우는 중학생 때부터 초지일관이었으니까. 중간에 한 번이라도 결혼해야겠다는 마음을 먹지 않았죠.

전송　그런데 왜 가능성을 열어두셨어요?

애순　　내 성격이 그래요. 내가 누구한테 밥을 사겠다고 말하면 기어코 사야 해요. 상대가 계산하면 그걸 취소시키고 다시 내가 낸다니까요. 지금이야 결과를 보고 말하니까 "변함이 없다"라고 이야기하지만 그때는 앞날을 어떻게 알아요. 인생에는 변수가 굉장히 많잖아요?

진송　　하긴 그렇죠. 결혼을 해야만 허용되는 것들도 있고, 결혼이 아니고서는 여성 개인이 혼자서 돌파할 수 없는 문제들도 많고. 비혼의 스펙트럼이 다양해지고 있잖아요. 꼭 결심하지 않더라도 살다 보면 비혼이 되기도 하고. 그래서 비혼 상태인 사람들을 모두 '비혼주의자'라고 부를 수는 없는 것 같아요. 하지만, 적극적인 비혼주의만을 비혼의 형태로 인정한다면 그 외의 결혼하지 않은 다양한 삶을 제대로 살필 수 없겠죠.

애순　　결심을 굳건히 지키는 건 좋지만 상황 때문에 어쩔 수 없는 경우도 있으니까. 그런데 사람들이 그런 걸로 피곤하게 하거나, 나중에 바뀐 상황을 고려하지 않고 조롱할까 봐 걱정이 돼서 그래요.

진송　　우리나라처럼 낙태가 불법인 나라에서는 임신 때문에 사고당하듯 결혼하는 경우도 있고, 어떤 사람과 만나면서 자신이 지금까지 생각해본 적 없는 형태의 결혼생활이 가능하다는 것을 알고 결혼하기도 하더라고요. 당연히 결혼해야 한다고 말하는 세상에서 결혼을 안 한다는 선언은 의미가 있지만, 그 선언이 자신을 가두지는 않아야 한다는 말씀이네요. 저는 비혼주의자도 나중에 결혼을 할 수도 있고, 결과적으로 전에 했던 말을 어기게 되더라도 '뭐 어때?' 그렇게 생각해요. 안 하려고 할 때 안 하려는 이유가 있었다면, 하려고 할 때는 또 그때 유효한 '하려는 이유'가 있겠죠. 타인의 사정이나 선택을 함부로 상상하거나 해석하지 않는 섬세함이 필요해요.

비혼주의자에게 연애란

✦

주변 사람들이 엄청 궁금해했어요. 그분은 그럼 연애하고 싶을 때 어떻게 했느냐고요.

전송 비혼으로 살기로 결심했다면 일단은 결혼의 가능성에 대해서 경계할 수밖에 없겠어요. 예전에는 데이트 한두 번이 곧장 결혼으로 이어지곤 했잖아요. 그런데 비혼주의라는 선택이 연애의 자유를 제약하진 않았나요?

애순 그런 생각은 별로 없었어. 나는 사람을 보고 어느 정도 마음이 가야 연애하고 싶은 생각이 들지 연애 자체를 하고 싶다는 생각을 한 적은 없는 것 같아. 정이 들어야 연애를 하는데 정들 기회부터 안 만들었으니까.

전송 선생님께서는 그 사람이 좋아서 하는 게 연애였군요. 요즘에는 '연애 문화'가 있어서 연애 자체를 하고 싶어 해요. 연애하면서 어딜 놀러가거나, 자기 편을 만들거나, 사랑받는다는 안정감을 추구하거나… 이런 욕구를 충족하려고 연애를 하는 면도 있거든요. 연애 경험이 없는 사람을 놀리거나 비하하는 분위기 때문에 연애를 하고 싶어 하기도 하고요. 연애는 비혼을 생각하는 사람들의 가장 큰 고민이기도 해요. 어느 정도 나이가 되면 결혼과 연애를 분리하기가 어려워지는데, 비혼을 선택하면 연애에 제약이 생기거든요. 결혼 부담 때문에 연애 자체를 안 하기에는 또 시대가 변했고요.

애순 지금은 조변석개야. 어제 좋았다 오늘 헤어지고.

진송 좋고 나쁘고의 판단을 내릴 문제라기보다는 하나의 문화나 시대상 아닐까요? 누군가를 다양하게 만나는 게 꼭 가벼운 풍조라고 생각하진 않아요. 만날 수 있는 기회나 연애의 무게 자체가 달라졌으니까요. 전 진정한 사랑이라는 것 자체가 진짜 존재하는지도 좀 회의적이거든요.

애순 왜 없어요. 진정한 사랑은 있죠. 내 자신이 진심으로 상대를 대하면 그쪽도 따라와.

진송 물론 있겠죠. 하지만 그 진성성의 기준이 굉장히 주관적이고 모호해서 타인에게 요구할 수 없다고 봐요. 연애도 충분히 재미로 할 수 있고, 서로에 대한 배려만 갖춘다면 뭐 어때요.

애순 아유, 나는 사랑을 재미로, 장난으로 한다는 게 상상이 안 가네.

진송 사랑이랑 연애는 감정과 관계라서 서로 좀 다른 개념이긴 해요. 연애하면서도 사랑하지 않을 순 있고, 사랑해도 연애하지 않을 수도 있고.

애순 나는 사랑이랑 연애랑 결혼을 하나로 보는 입장인데 아예 셋 다에 관심이 없었나 봐요. 내가 별로 누구를 연애 대상으로 사랑한 적이 없으니까.

진송 선생님처럼 아예 관심이 없으면 문제가 간단하지만 그렇지 않으면 내적 갈등이 생기더라고요. 제가 선생님과 대담집을 낸다고 했을 때 주변 사람들이 궁금해했던 것 중 하나가 "그분은 그럼 연애하고 싶을 때 어떻게 했대" "어느 정도 나이가 든 뒤에도 결혼 없이 연애할 수 있어?" 이런 것이었거든요. 제가 비혼주의자라고 하면 많이 받는 질문이기도 하고요. 그럼 연애는 어떻게 하느냐고요.

애순 나도 연애하면 소문 때문에 그 사람이랑 결혼해야 되는 시절이 아니었으면 생각을 좀 달리 했을지도 모르지요. 그런데 비혼을 지향하면서 연애를 하고 싶으면 좀 복잡한 마음이 들긴 하겠네요. 상대가 결혼하고 싶다고 하면 헤어져야 하나?

전송 저는, 좀 극단적이지만 헤어졌죠. 대화를 통해 관계를 유지할 수도 있었겠지만 결국 서로가 원하는 것을 줄 수 없다는 생각이 여러모로 부정적인 영향을 끼쳤어요.

애순 안타까웠겠어요.

전송 결혼에 대한 사회적 압박이나, 비혼주의자에 대한 지탄만 아니었다면 제가 죄책감을 느껴서 연애까지 포기하는 상황까지 가지 않았을까요? 뭔가를 거절하거나 포기할 때 그 심리적 압박감은 상당하거든요. 결혼을 결정하는 순간에 여성들은 주도권을 쥐기가 좀 힘들대요. 결혼한 이야기를 들어보면 "남자친구가 밀어붙이면 하게 되어 있다"라고들 해요. 여자가 아무리 원해도 남자가 원하지 않으면 진척이 안 된다는 말도 많이 하고요. 음, 확실히 여성은 거부권이든 결정권이든 많이 가지지 못하나 봐요. 사회적 압박, 가족이나 애인에 대한 미안함, 지금 결혼 안 하면 언제 또 할 수 있는지 모른다는 불안감 등에 둘러싸여 있으니까.

애순 사실… 그냥 결혼 안 해도 괜찮은데.

전송 그런 메시지가 결혼해야 한다는 압박의 반만큼이라도 있었으면 선택지가 좀 더 다양해졌을텐데 말예요. 같이 한마음회를 하셨던 분들은 연애에 대해서 어떤 태도를 갖고 계시던가요?

애순　　그때는 비혼이라는 말도 없었고 독신여성단체이라 사람들이 다양했어요. 거기에 들어온 사람들 중에 비혼 의사가 아주 강했던 사람은 별로 없었고… 조직 안에 들어와서 같이 생활하고 현재 자신의 상황에 맞게 인생을 즐기고 싶어서 가치관이나 상황이 비슷한 사람들을 찾은 게 거기 회원들이라. 돌싱도 많았고.

진송　　아, 다들 선생님처럼 비혼을 결심하고 계획하에 들어온 건 아니군요.

애순　　그렇지. 그러면서도 연애하기도 하고. 결혼 안 한다고 큰소리치던 사람들 중에서 결혼한 사람들도 많아서 내가 결혼 안 한다고 말하고 다니지 말라고 하는 것도 있어요.

진송　　결혼이 워낙 변수가 많은 선택이다 보니 내 인생에서 멀리 있을 때는 안 한다고 이야기하기 쉬운 것 같아요. 그런 거랑 비슷하려나? 어릴 땐 제가 서른 되면 집도 있고 차도 있을 거라고 생각했거든요. 결혼도 그런 느낌으로 먼 미래라 지금의 생각과 조건으로만 생각하게 되고, 그러다 현실로 닥치면 상상과 다른.

애순　　요즘 고등학생들 중 60퍼센트 이상이 결혼을 안 하겠다는 생각을 해본 적이 있다잖아요. 학생들은 결혼이 뭔지 확실히 모르잖아요. 그러니까 오히려 더 쉽게 얘기할 수도 있죠.

전송 음, 그 경우는 결혼이 뭔지 몰라서 그런다고 단정 짓기에는 어려운 것 같아요. 오히려 과거보다 결혼에 대한 담론이나 정보가 훨씬 풍부하고, 한국사회에서 결혼 제도가 갖는 맥락이나 개인의 인생에 끼치는 영향을 너무나 잘 알기 때문이라고 생각해요. 선생님도 열다섯에 비혼을 결심하셨잖아요. 요즘 학생들도 결혼이라는 제도가 행복을 약속하지 않고, 결혼해야만 정상적인 어른 취급하는 게 부당하다고 생각하는 게 아닐까요?

애순 그건 그렇죠. 부모님이 결혼을 통해 부부가 됐다는 걸 인지할 때쯤 되면 "결혼이 뭐 이래?" 하고 실망하는 경우가 많아요. 나도 그랬고.

전송 결혼 안의 차별이나 폭력성이 인터넷 등에서 공유되고, 결혼 제도 안의 여성이나 아동이 가정폭력에 노출되었을 때 국가가 보호해주지 않는다는 것이 알려지면서 '정상가족'에 대한 환상도 사라지는 추세예요.

애순 자기는 결혼해도 그렇게 살지 않겠다고 하면서 결혼하는 사람도 있겠지만, 결혼이 그 자체로 좋기만 한 게 아니라는 사실을 아는 건 중요해요. 알고 선택하는 거랑 모르고 선택하는 거랑은 엄연히 다르니까.

결혼 정상성의 신화

✦

결혼정보회사를 통한 결혼이나 정략결혼을 한 사람을 속물이라고 취급하거나 부정적으로 보지만, 오히려 그런 결혼이 결혼의 기원과는 더 밀접하죠.

전송 　결혼을 당연히 해야 하는 것으로 여기는 사회는 반대로 결혼이라는 권리를 박탈당한 사람들에 대해서는 말하지 않아요. 선생님이 항상 "육체적으로 하자가 있다"라는 의심에 시달린 것과도 통하는 지점이라고 생각하는데요.

애순 　나는 진단서를 떼서 보여주려고도 했다니까. 그런데 모두가 건강할 수는 없잖아요. 결혼을 강요하는 분위기가 결혼을 할 수 없는 상황에 처한 사람들에게는 참 고통스러울 거라는 생각을 해요.

전송 　그래서 우리 사회가 권장하는 결혼은 '이성애자 간의' '비장애인끼리의' '비슷한 계급끼리의' 결합을 전제하더라고요. 비혼을 선택하고 결혼을 강요받는 사람이 있는 반면, 비혼을 강요받고 결혼을 박탈당하는 사람이 있는 거죠. 비혼에게는 결혼하라고 강요를 하지만 동성 커플에게는 결혼이 법적으로 금지되죠. 우리 사회는 '당연한 결혼'과 '금지되는 결혼'을 분명하게 나눠놓고 차별하고 있어요.

애순 금지되는 결혼 하니까 지금은 폐지된 '동성동본 결혼 금지'가 생각 나네요. 제 친한 친구 남동생은 법적으로 금지된 시대에도 동성동본 여성과 사랑해서 결혼식도 안 하고 사실혼으로 살았어요. 늦게야 법적으로 인정받았지. 지금은 아들딸 낳고 잘 살고 있고.

진송 아, tvN 드라마 〈응답하라 1988〉에 보면 주인공의 언니가 성씨가 같은 남자를 좋아해서 결혼할 때 조금 문제가 있었어요. 어렸을 때는 단순히 성이 같기만 해도 좀 특이하다고 생각했던 기억이 나요. 동성동본 결혼을 금기하는 문화가 아직 남아 있을 때라.

애순 계급의 문제도 분명 있었죠. 계급 차이라고 하니까 엄청 대단해 보이는데 그냥 집안이 서로 너무 안 맞다면서 부모들이 반대하는 그런 거지. 드라마에도 많이 나오는데 꼭 그만큼 대단한 집안이어야 그 유세를 떠는 것도 아니더라고. 며느리는 자기들보다 집안 형편이나 학력 수준이 낮은 사람을 데리고 와야 집안이 편하다는 생각들을 하니까.

전송 선생님도 그 시절에 대학 교육을 받은 여성이라는 사실이 비혼 여부에도 영향을 미쳤을 텐데요. 고학력 여성이라는 정체성이 비혼을 지탱해줬다고 해야 할지, 결혼을 방해했다고 해야 할지, 사람에 따라 다르게 해석할 것 같아요.

애순 아무래도 그렇지. 많이 배운 여자한테는 중매를 안 넣으려고 했었거든. 그런데 자기보다 조건이 낮은 여자를 선호한다고 해서 꼭 여자가 조건이 좋은 남자를 만나서 결혼하는 거도 아니더라고. 예전에 여선생들이 시골로 발령이 나면 신변의 안전을 위해서 부잣집에서 하숙을 했거든요. 근데 그 집에서 일하던 남자들한테 성폭력을 당하거나 해서 어쩔 수 없이 결혼해서 사는 경우도 봤어요. 지금 생각해도 안타까워요. 옛날에는 처녀성에 대한 강박관념이 있을 때라, 한번 그런 폭력을 당하면 그 남자한테 시집가야 되는 줄 알았지.

전송 아직까지도 텔레비전에 중년 연예인 커플이 나와서, 남편이 아내를 "자빠뜨려서" 결혼했다고 무용담 늘어놓듯 하기도 해요. 성범죄 자랑인지 뭔지… 납치혼 같은 강제 결혼이 비일비재했던 것도 비혼의 선택지가 드물었던 이유겠네요.

애순 위에서 말한 계급 차이를 줄이고 소위 '수준'을 맞추기 위해 정략결혼이 성행했죠. 집안끼리 얽히면 결혼당하는 당사자는 정말 꼼짝달싹할 수 없더라고요. 그런 게 다 불과 20~30년 전

이야기예요. 지금도 정경유착을 정략결혼으로 이어가죠. 또 젊은 이들이 계약결혼이라는 것도 한다면서요.

진송 결혼 제도의 기원이 국가와 집안 간의 거래여서, '연애결혼'이라는 개념이 발명되기 전에는 모든 결혼 자체가 정략결혼이었으니까요. 지금은 '진정한 사랑'에 기반이 된 결혼을 '정상결혼'이라고 생각해서 결혼정보회사를 통한 결혼이나 정략결혼을 한 사람을 속물이라고 취급하거나 부정적으로 보지만, 오히려 그런 것들이 결혼 제도의 본질 자체를 가장 충실히 계승한 결합이라는 게 재미있지요.

애순 아무튼 나는 얼굴도 한 번 못 본 사람과 결혼을 하는 그런 방식은 절대 받아들일 수 없었어요.

진송 그렇군요. 참 들을수록 선택지가 없는 세상이었다는 게 실감나요. 선생님처럼 거부할 수 있는 자체가 특권이었다는 생각도 들고. 어떻게 살지, 누구와 살지의 선택권은 모두가 누릴 수 있어야 하는데 말이에요.

짚신도 짝이 있다고?

✦

동아시아에는 인간이 태어날 때부터 운명의 상대와 붉은 실로
이어져 있다는 미신이 있다. 이 낭만적인 운명론은 무수한 영화
나 드라마, 만화의 소재로도 활용된다. 플라톤의 향연에는 인간
이 원래 둘씩 붙어 다니는 '총체인간'이었는데 신이 이를 찢어놓
았다는 이야기가 나온다. 뮤지컬 〈헤드윅〉의 넘버 "The origin
of love"는 이 내용을 바탕으로 인간이 자신의 반쪽을 그리워하
며 찾아다니는 것이 '사랑'이라고 노래한다. 이 총체인간의 조합
은 (전통적인 성별 이분법에 따르면) '남녀'이기도, '남남'이기도, '여
여'이기도 하다. 누군가의 짝이 반드시 이성이 아닐 수 있다는 이
서사는 사랑의 범위를 이성애 너머, 즉 동성애까지 확장한다. 물
론 인간이 잠정적으로 짝이 정해진 존재라는 가정은 그대로다.

한국 속담은 더 직관적이고 노골적이다. "짚신도 짝이 있다."
아무리 하찮은 존재라도 그에 맞춤한 짝이 있다는 말은 나에게

직접 닿기도 한다. 결혼하지 않겠다고 말하는 나를 위로(?)하거나, "저런 여자를 누가 데려가느냐"라는 소리를 듣는 나를 옹호하려고 누군가는 그렇게 말한다. 나에 대한 호의와 인연에 대한 신뢰는 그렇게 따뜻하고 부드러운 촉감으로 '나'의 비혼 상태를 부정한다. 나에게 짝이 있음을 믿어 의심치 않음으로써, 현재의 나를 미완이나 결핍으로 바라보는 시선을 유지한다.

우리 사회는 이렇게 인간이 처음부터 '세트'였던 것처럼 군다. 개인은 젓가락 한 짝처럼 불완전한 미완성품이기에, '세트'를 맞춘 자들만을 바람직한 시민사회의 일원으로 승인한다. 내 네 번째 손가락은 텅 비었고, 나는 반쪽이 아니고, 인간은 짚신이 아닌데 말이다. 인간은 타인과 더불어 살아가는 사회적 동물인 동시에 자신의 삶을 오롯이 감당해야 하는 독립적 인격체다. 관계 속에서 살아가지만, 어떤 관계에 '의해'서만 가치 있다고 여겨진다면, 그 관계 자체가 이미 개인을 매몰시키는 이데올로기다.

가끔은 그런 생각도 한다. 설령 운명의 상대가 있으면 뭐, 어쩌란 말인가? 내가 쪼개진 쌍쌍바라면, 그냥 쪼개진 채로 살게 내버려두라는 말이다. 운명의 상대와 사랑을 느낀다고 해서 그 관계의 전개나 결말이 꼭 연애와 결혼이어야 할까? 결혼으로 수렴되지 않는 사랑은 미성숙하고 무의미할까? 결혼하지 않겠다는 나의 선택, 나의 욕망과 선택과 자유를 존중하지 않는 상대가 내 운명의 상대라면 나는 강물을 거슬러오르는 연어처럼 그 운명을 거스르겠소….

5
비혼을 위하여

비혼에게 주거 정책을 허하라

✦

아직까지 4인 가족, 기혼자들 위주로밖에 생각을 못하니까 계속 비혼의 삶을 드러내야 해요.

(진송) 선생님은 전에 국회의원 선거에도 나가려고 생각하셨잖아요. 집을 구하기 힘든 비혼자들을 위한 정책이나 제도를 생각해보신 게 있을까요?

(애순) 원룸 형태의 아파트를 많이 지어서 공급하는 게 중요하다고 봐요. 비혼자들이 늘어가면 국가정책에 반영되지 않을까요.

(진송) 그러면 집값이 좀 내려갈까요?

(애순) 매매는 그래도 힘들거야. 장기임대 형태로 가야죠. 그러다 입주자가 그 집을 분양도 받을 수 있도록 하고요. 살면서 월급으로 다달이 갚아 나갈 수 있도록요. 젊을 때 주거 안정을 이룬다는 건 정말 쉽지 않아요. 진송 씨는 젊으니까 비혼 클럽을 만들

어봐요. 그리고 세를 모아서 입법 국민 청원을 하는 거죠. 20만 명만 모으면 답을 들을 수 있잖아요. 원하는 대로 여럿이서 같이 살면 좀 좋아요. 한 동에 모두 같은 처지의 사람들이 사니까 얼마나 의지가 돼요. 의견도 나누는 장이 될 수 있고요. 예전에 일곱 명의 비혼자들이 같이 살았다던 이야기를 들었어요. 매일 돌아가면서 아침을 준비하니까 일주일 로테이션도 맞았고요. 저녁은 다 각자 해결하는 것으로 했죠. 하나하나 결혼을 해서 떠나니까 결국 와해가 됐다지만 여자들은 아무리 안 한다고 해도 비혼을 유지하기 어렵긴 했어요.

진송 왜요, 선생님은 안 가셨잖아요.

애순 나는 직장이 연달아서 있었고 입사시험도 운 좋게 안 떨어진 덕이었지, 혼자 살기는 참 쉽지 않아요. 커리어가 단절되면 경제적으로 독립이 안 되니까요.

진송 전주에 있는 비혼공동체 '비비(비혼들의 비행)'에 갔을 때인데요. 회원들이 모임 공간 근처 아파트에 하나둘씩 살기 시작하면서 뜻밖의 타운을 형성했나 보더라고요. '여기가 좋다'라고 소문이 나면서 거의 스무 명이 같은 동에 살게 됐었나 봐요. 의도치 않은 타운 형성이었지만 그런 주거 공간이 처음부터 계획하에 본격적으로 만들어지면 어떨까 생각을 해봐요.

애순　좋은 예시네요. 임대겠지만, 차근차근 큰 그림을 그려가면서 실현해봐요. 처음부터 집을 사겠다는 생각으로는 지치기 십상이니까.

전송　비혼자들을 위한 지원이 당연히 이루어져야 하는데 잘 안 되는 이유가 국가에서는 비혼주의를 장려하지 않기 때문이라고 생각해요. 결혼을 해야 아이를 낳고 사회적으로 일할 수 있는 인력이 충원되니까요. 저출생 때문에 난리인 상황이잖아요. 저는 88년생인데, 얼마 전에는 '90년생이 저출산의 최후의 희망'이라는 기사 헤드라인을 보고 코웃음을 쳤어요. 지금 있는 비혼을 위한 아파트나 공간들은 단기적으로 제공돼서 비혼들이 짧은 순간 머물게 하려는 정책 방향 안에서 유지되는 것 같아요. 결혼 전의 한 단계일 뿐인 거죠. 결국 결혼을 하도록 유도하는 방법이기도 하고요.

애순　홍대 근처의 임대 주거 공간도 계약 기간이 짧다고 하더라고요.

전송　비혼자나 1인 가구를 그 자체로 인정하지 않으니 어디까지나 임시에 그치는 거죠.

애순　국가에서 결혼과 출산을 늘리기 위한 정책을 실시한다고 하더라도 그전에 비혼주의자들의 결혼하고 싶지 않은 마음을 돌리지 않으면 강제로 보낼 수가 없어요. 결혼을 해야만 살아남을 수 있는 환경이 아니라 결혼을 해서 행복한 환경을 만들어야죠. 그런 환경이라면 비혼자들도 분명 행복하게 살 수 있을 거라고 봐요.

(전송) 국가에서는 강제로 시집 장가 보내지 못해서 안달인 것 같던데요? 입법하는 사람들이 별의별 말을 다하죠. 너무 스펙을 많이 쌓게 하면 안 된다. 젊은이들이 눈을 낮춰야 한다….

(애순) 아이를 하나 낳으면 얼마, 둘 낳으면 얼마 이렇게 매달 얼마씩 준다고 하는데 일시적으로 그런 지원을 한다고 해서 될 게 아니에요. 제도와 인프라를 손봐야지.

(전송) 인구는 줄고 집은 되게 많은데 집값이 떨어지지 않는 건 참 이상한 일이죠.

(애순) 수도권만 그런다잖아요. 지방에는 분양 안 된 곳이 많죠. 국가정책도 이렇게 하면 저기서 난리고 저렇게 하면 여기서 난리라 마음대로 안 되겠지만 좀 중심을 잡을 필요가 있어요. 비혼자들도 내가 예전에 한마음회를 만들었던 것처럼 단체를 조직해서 정책이 이루어지도록 정부를 압박할 필요가 있어요.

(전송) 선생님이 하셨던 것 이후로 영향력이 강했던 단체가 또

없었나요?

애순 없었죠. 다들 안 하려고 하더라고요.

진송 다들 바쁘고, 가혹한 업무 환경에 처해 있으니까요.

애순 나도 일 다니면서 단체를 조직하고 활동한 거였어요.

진송 사실 그렇게 할 수 있는 게 재능이에요. 부지런하고 열정적이어서 무언가를 기획하고 그걸 단체로까지 발전시킬 수 있는 재능이요. 특별하시잖아요.

애순 다들 귀찮음을 못 이겨내기 때문에 시도 자체를 꺼리죠.

진송 귀찮음 때문만은 아닌데… 선생님이 제 나이 때는 훨씬 더 열정적이셨지만 저는, 이런 잠꾸러기인걸~! 지속적으로 비혼과 다양한 주거 형태에 대한 담론이 쏟아지고 있으니, 각자 다른 방식으로 계속해서 이야기하고 활동하면서 변화의 압박을 가해야죠. 이 책도 그런 작업의 일환이라고 생각해요.

애순 그래요. 정책 관련자들은 아직까지 4인 가족, 기혼자들 위주로밖에 생각을 못하니까 계속 비혼의 삶을 드러내는 게 중요해요.

진송 아, 기혼자 위주라고 하니까 생각나네. 전 작년에 주택 청약 몇 년 동안 붓던 걸 그냥 해지해버렸어요. 어차피 1순위인 신혼부부도 못 되는데 갖고 있어봤자 무얼 하나, 써버리자! 뭐 그런 생각이 갑자기 들었거든요.

애순 그게 요새 유행하는 욜로인가 뭔가예요?

진송 아뇨, 그냥 평범한… 과소비…?(웃음) 사실 과소비라고 자조했지만, 주택청약은 있으면 좋다고 해요. 분노 때문에 충동적으로 한 선택이었죠. 신혼부부 우선이라는 말은 결국 신혼부부가 아니면 소외시키겠다는 뜻이잖아요. 비혼, 1인 가구를 위한 주거 정책이 정말 절실해요. 비혼의 개념을 부정하려는 사람들은, 비혼은 정상가정에 기반한 출생율에 신경 쓰는 정부 정책 기조와도 맞지 않고, 비혼을 법적으로 증명할 방법이 없다고 맞서겠지만요. 저희는 이리 치이고 저리 치이고… 프랑스는 동반자 등록법인 PACS(Pacte civil de solidarité, 연대의무협약)를 1999년부터 도입해 다양한 가족 형태를 인정해오고 있어서 출산율도 유지하고 있죠. 여러 유형의 동반자 그룹이 아이를 가지고 키우는 데 있어서 차등적 혜택을 받지 않아 가능한 일이에요. 동성 간의 결혼이나, 연애나 결혼 기반이 아닌 결합 가족도 가능하고.

(결혼 말고) 같이 삽시다

✦

예를 들면 방 크기는 다 똑같고 방마다 화장실이 달렸다든가, 거실이나 주방은 공유하고요.

⟨진송⟩   비혼 공동체로 살아본 경험이 있으신가요?

⟨애순⟩   비혼 공동체에서 생활한 적은 없고, 말한 것처럼 셋이서 한 집에서는 살아봤어. 나랑 선배 언니랑 언니 조카 셋이. 아유 안 맞아서 헤어졌어. 언니가 술을 마시면 이성을 잃을 정도로 마셨거든요. 나는 술은 정신 놓을 때까지는 절대 마시지 말자는 주의인데.

⟨진송⟩   저도 여럿이서 사는 게 안전상 필요하다는 생각은 하는데 그렇다고 남이랑 한 집에서 살긴 싫더라고요. 근데 또 생각해보면, 어차피 다른 사람들과 공존하는 게 인생인데 이 정도 불편함도 안 참으려고 하는 내가 이기적인가? 그런 생각도 들고요. 그래서 지금 비혼을 결심하는 사람들은 아예 비혼용으로 설계된

집을 원하기도 하죠. 최근에는 1인 가구에 속한 이들의 치료를 위한 요양원이 있었으면 좋겠다는 의견도 나오고요. 새로운 형태의 시설들이 필요하다는 생각을 해요.

애순 맞아요. 비혼 공동체로 살 수 있는 아예 새로운 형태의 주거공간이 필요해요. 예를 들면 방 크기가 다 똑같은 방에 각자 화장실이 있다거나. 거실이나 주방은 공유하고요. 집에서 독립된 공간이 없으면 사생활 보호도 안 되고 구성원들끼리 다투고 화해하는 의견 조율 과정도 발전적인 방향으로 돌아가지 못하죠. 그런 걸 고려한 건축이 있으면 좋지.

진송 전 다섯 명 정도의 친구들끼리 모여서 로또계를 한 적이 있어요. 돈을 얼마간 모아서 정기적으로 로또를 사는 거예요. 당첨되면 주택 하나를 사서 1층 방은 누가 쓰고 2층 방은 누가 쓰고 거실은 어떻게 공사를 하자, 희망에 차서 구상해본 적이 있거든요. 결국 아무도 로또 당첨이 안 돼서 흐지부지됐지만 재밌었어요.

애순 비혼을 위한 건축 구조를 갖춘 집들을 국가에서 만들어서 공급을 해줘야지.

진송 맞아요, 정말. 그래도 요즘에 비혼을 결심하는 사람들이 새로운 거주 형태를 원하고 있으니까 10~20년 후에는 변화가

가시적으로 보이지 않을까 싶어요. 전주의 비혼 공동체 '비비'에서는 비혼 세미나를 하는데, 20대 30대 40대 50대 이렇게 연령별로 나눠서 각기 다른 주제로 진행을 하더라고요. 20대는 '비혼을 결심하는 계기', 30대는 '일과 비혼…' 이런 식으로 주제가 다양했어요. 저는 전주까지 가기에는 멀어서 한 번밖에 못 갔지만.

애순 그런 공간이 지역마다 하나씩만 있어도 비혼에 대한 인식이 많이 달라질 거예요.

전송 그럼 연인 사이의 동거에 대해서는 어떻게 생각하세요? 〈아버지가 이상해〉라는 드라마를 보면 '변혜영'이라는 여자 변호사가 '결혼 인턴제'를 요구해요. 결혼생활에 대해 각자 원하는 조건과 항목을 상세히 적은 후 지켜나가자는 건데요. 자세한 내용은 1년 정도 혼인신고를 하지 않고 결혼생활을 유지하는데, 합의한 사항들을 지키지 못할 때마다 1점씩 벌점이 쌓이는 거예요. 50점 이상 되면 결혼생활을 종료할 수 있고 1년 뒤에 계약 연장을 할 건지 말 건지 합의하에 결정하는 방식이에요. 한 사람이라도 동의하지 않으면 갈라서는 거죠. 멕시코 민주혁명당에서 2년제 혼인제도를 주장하고, 멕시코시티 시의원이 관련 법안을 제출하기도 했죠. 최초에 최소 2년의 의무결혼 기간을 갖고 최저 2년 단위로 갱신한다는 내용인데요. 두 사람 모두의 동의가 있어야 갱신이 가능하고요. 새로운 사람과 한 가정을 꾸린다는 게 생각보다 굉장히 어려운 일이거든요. 그런데 사람들이 너무 쉽게, 남들이 다 하니까, 그리고 사랑하니까 결혼해야겠다 생각하죠. '살다 보면 맞춰지는 거야'라고 안일하게 생각하는 것 같기도 해요.

애순 결혼을 안 해도 사랑하면 같이 살 수 있잖아. 그렇게 살다가 사이가 틀어지면 갈라서면 되는 거고. 생활을 맞춰가는 건 엄청 중요하거든. 같이 살면 상대방의 약점, 단점이 보여. 그게 헤어지는 원인이 되기도 하지만 미리 알면 대비를 할 수 있지. 같이 살아봤을 때 좋은 사람과 살아야 해요.

진송 집안일에 대한 센스나 생활 습관은 연애할 때는 쉽게 알 수 없는 일들이죠.

애순 3개월만 같이 살아봐도 많은 걸 알 수 있으니까. 괜히 당사자들이 양심에 찔리지 않게 부모님께 알리고 공개적으로 하는 게 좋다고 봐.

진송 사실 여성의 성적 순결에 대한 사회적인 분위기 때문에 동거가 혹은 동거를 알리는 게 터부시 되잖아요. 결국 동거를 해서 더 손해를 보는 건 여자니까. 동거 사실을 가장 알리면 안 되는 대상은 여자의 부모님이거든요. 동거를 하다가도 부모님이 집에 온다고 하면 남자 물건을 다 숨기고 그러더라고요. 남자의 부모님에게 알리는 것보다 훨씬 심각한 문제가 돼요. 동거한 여성은 훼손된 물건이라고 생각하기 때문이죠. 그런 관념들이 바뀌기 전에는 동거 문화가 정착되고 본격적으로 논의되는 게 어렵지 않을까 생각해요.

애순 참 이해가 안 되네. 동거도 그렇고 연애 관계를 많이 겪는 걸 전적으로 나쁘다고 할 수 있을까요. 대학 때 남자관계 제일 복잡하고 연애도 많이 했던 친구들이 결혼해서 행복하게 잘 살던데.

전송 동거의 장점을 누리려면 제도가 뒷받침되어야 한다고 생각해요. 프랑스는 동반자 등록법 PACS가 있어서 동거 대상도 법적 보호자로 인정받거나, 혜택을 누릴 수 있으니까 결혼의 비중이 그렇게 크지 않아요. 프랑스에서 일하는 제 친구한테 프랑스 친구들이 이상한 남자를 피하는 방법 중 하나로 알려준 게, 결혼에 집착하면 그 사람이 무슨 꿍꿍이가 있나 의심해보라는 거래요.

아픈 '나'와 더불어 살기

◆

남한테 너무 기대하고 또 실망하고 그러면 문병 오는 사람이 100명이어도 서럽고 외로울걸요.

전송▷ 선생님, 지난봄 총 두 달 동안 병원에 입원하셨다가 얼마 전에 퇴원하셨잖아요. 몸은 좀 괜찮으세요?

애순▷ 이제 많이 나아졌어. 천천히 운동하면서 컨디션도 올리고 그래야지.

전송▷ 입원 기간 동안 있었던 일과 관련해서 여쭤보려고 해요. 처음 인터뷰를 시작할 때까지만 해도 선생님이 병원에 장기간 입원하신 적이 없어서 이 부분에 대해서는 잘 모르겠다고 하셨는데, 갑자기 너무 고생하셨죠.

애순▷ 혼자 살면서 아프면 서럽기도 하고 위험하기도 하니까 내가 항상 건강 관리를 열심히 했어요. 사르트르가 "걸음을 멈추면 생명의 존재 가치도 상실한다"라고 한 말이 인상 깊어 5년 전부터 다리 건강에 유별나게 관심을 가졌거든요. 그런데 관절이 말썽을 피우니 너무 실망스럽더라고요.

(전송)　저희가 비혼 여성에게 전가되는 돌봄노동에 대해서 이야기한 적 있잖아요. 우리나라에서 비혼 여성은 그냥 '딸'로 살아가는 기간이 길 뿐 독립된 개인으로 인정받기는 힘들다는 점이요. 선생님도 형제들 병간호를 맡으신 적이 있고… 그러다 본인이 아프면 스스로를 구완해야 하죠. 비혼으로 살아가면서 가장 우려하는 점 중 하나가 바로 건강이 좋지 않을 때인데 입원하셨을 때 어떻게 생활하셨는지 좀 들려주세요.

(애순)　보건복지부 지시로 '간호·간병 통합서비스 병동'이 생겼더라고. 보호자와 간병인 없이도 입원생활이 가능해요. 건강보험비가 적용되어 비용에 대한 부담이 적고. 하루 입원비 2만 원씩만 더 내면 통합서비스 병동에 있을 수 있어요.

(전송)　별도의 간병인이 없이 간호 요원들이 간병인 역할을 하는 거죠? 간호사, 간호조무사, 간호보조인력이나 재활지원 인력 등 의료 전문가들로 구성되어 있던데요.

(애순)　개인적으로 간병인이 필요한 사람들은 다른 층에 있고, 통합서비스 병동층은 분리되어 있어요. 나 같은 사람들한테 정

말 좋은 서비스였지. 혼자인 데다가 돌봐주는 사람도 없으면 얼마나 불편하고 초라해.

(진송) 간병인은 누가 하느냐에 따라 서비스 만족도에 큰 차이가 있고, 비용 부담도 만만치 않다던데 그런 점에서 편리하네요. 항상 상주하는 게 아니라 꼭 필요한 만큼만 도움을 받고 싶을 때 유용할 것 같아요. 그런데 간호사들이 간병 업무까지 도맡으면 업무 부담이 커지겠는데요.

(애순) 그렇죠. 수술하고 며칠 동안은 움직일 수 없어서 기저귀를 차고 지내야 했어요. 그러면 그걸 손녀 같은 간호 요원들의 손을 빌리려고 하니 미안하고 민망하고… 나는 일부러 물과 밥을 최소한으로 줄여서 간호 요원들의 고생을 조금이나마 덜어주려고 했어요. 다행히 그 단계는 빨리 벗어났지. 사람이 나이가 들면 아기가 된다더니 딱 그 짝이었다니까.

(진송) 업무 강도가 강한 간호 요원들을 많이 배려하셨네요. 서비스 자체는 필요하지만, 인력 분배나 업무 부담에서는 보완이 필요하겠어요. 그러면 통합서비스병동에서는 간병인이나 환자의 가족들이 함께 지내지는 않나요?

(애순) 네, 그 병동에는 아예 병실에 보조의자 같은 게 없어요. 환자 외의 외부인이 잠을 자거나 장시간 머물지 않아요.

전송▷ 환경 자체도 훨씬 쾌적하겠네요. 환자가 있는 가정에서도 부담이 덜할 테고. 그래도 하루 종일 혼자 계셨을 텐데 외롭진 않으셨어요? 선생님은 저희에게도 절대 병문안 오지 말라고 신신당부하셔서 저희도 되게 오랜만에 뵙잖아요.

애순▷ 평생 그렇게 살았는데 새삼스럽게 외롭거나 서러울 게 뭐가 있겠어요. 몸이 아프니까 마음이 좀 약해지긴 했지만 절절하게 감정이 요동치거나 그러진 않았어요. 아예 올 사람이 없는 게 훨씬 마음 편해요.

전송▷ 하긴 기다림이 되게 힘들고 외로운 일이잖아요. 기다리는 사람에게도, 기다림의 대상에게도.

애순▷ 바로 그거예요. 가족을 기다리다 보면 오늘은 누가 오나, 누가 왔으면 좋겠다, 누구는 왜 안 오지, 그런 생각들로 마음이 아주 어지러워요. 외로움은 평생 따라다니면서 내가 어떻게 관리하느냐에 따라 크기가 줄어들었다 커졌다 하는 해괴한 놈이거든. 남한테 너무 기대하고 또 실망하고 그러면 문병 오는 사람이 100명이어도 서럽고 외로울걸요.

전송▷ 선생님에게서는 어떤 꼿꼿한 결기 같은 게 느껴진다는 말씀을 자주 드렸는데, 입원생활에서도 한결같으시네요. 그래도 아프다 보면 사람들의 관심을 원하고 기다리게 되는 게 사람 마음이잖아요. 마음이 약해질 때는 없으셨어요?

애순　　마음이 약해진다기보다는 신경 쓰이는 일은 있었어요. 다른 환자 가족들이 오면 나한테 뭐 간식거리를 나눠 주거든요. 그러면 그때부터 받기만 했다는 생각에 전전긍긍이야. 두어 번 친구들이 단체로 와서 뭘 많이 사왔더라고요. 그걸 많이 나눠줬더니 그제야 마음이 가벼워졌어요. 그때는 와줘서 고마웠지.

전송　　병원에 오래 있다 보면 환자들끼리 대화를 하고, 간단하게 서로의 신상이나 가족에 대해서 알게 되잖아요. 병원에 계실 때 다른 사람들이 선생님의 가족관계나 결혼 여부를 궁금해하지는 않던가요?

애순　　당연하지, 영감은 어디 갔느냐, 아들이나 딸은 없느냐, 왜 아무도 안 오냐고 몇 번씩이나 묻더라고요. 며느리가 싸가지가 없는 것 같다는 등 그런 말도 하고 막. 근데 내가 전화받을 때마다 사람들한테 오지 말라고 하니까 아무도 안 오는 건 그냥 그런가 보다, 하고 생각하더라고요. 오죽하면 병원에서 내 별명이 '오지마'였어요.

전송　　성은 오씨요, 이름은 지마인 선생님… 매일 보는 사람들이라 잠깐 보고 말 사람들한테처럼 "결혼했고 영감은 죽었고 애들은 외국 갔다" 둘러대던 레퍼토리가 안 먹혔겠네요.

애순 병원에 좀 오래 있으니까 싱글인지는 자연적으로 알려지게 됐어요. 입원 중에 취재한다고 방송국에서 PD랑 작가하고 오니까, 그 남자 PD 보고 아들이냐고 물어보더라고요. 남의 아들 가로챌 수 있나. 그냥 솔직하게 말했죠.

진송 있지도 않은 며느리를 욕했다는 사실이 밝혀져서 꽤 놀랐겠어요.

애순 면전에서는 눈만 크게 뜨고 별다른 말은 안 하던데, 모르죠. 자기 가족들 오면 심심하니까, 내 옆 침대 누구는 세상에 결혼을 안 했더라, 정도는 말하지 않았을까요?

진송 어르신들이 텔레비전에 나왔다 그러면 되게 좋아하는데, 선생님 나온 프로그램 보여드리지 그랬어요. 내가 이렇게 유명한 사람이다, 사인을 원하느냐!

애순 아유, 안 돼, 안 돼.

진송 입원하신 동안 시간은 어떻게 보내셨어요? 선생님이 가장 못 견디는 게 답답하고 제약이 많은 상황이잖아요.

애순 수술했던 종합병원에 머물 수 있는 기간이 최대 한 달이었어요. 집에 가도 간호할 사람이 없으니까 병원에서 나한테 요양병원을 권하더라고. 그래서 요양병원에 한 달 정도 있었는데 5시에 저녁 먹이고 9시에 불을 꺼버리니까 힘들더라고요.

(진송) 수녀원 시절 생각이 나서? (웃음)

(애순) 그런 생활을 또 할 줄 몰랐다니까요. 어떻게 시간은 또 자연스레 흐르니까 낮 동안은 상념에도 빠지고 낮잠도 자고 책도 읽는데… 다인실이라 집중은 안됐어요. 책 읽는 척을 제일 많이 한 것 같아요(웃음). 그래도 제일 큰 낙은 유튜브?

(진송) 아, 병실에는 텔레비전이 한 대밖에 없으니까 유튜브 같은 걸로 원하는 영상을 볼 수 있으면 좋죠.

(애순) 나이 먹은 사람들은 유튜브 같은 걸 잘 볼 줄 모르더라고요. 채널 싸움에 참전했다가 지면 자기가 보고 싶은 걸 못 보거든. 그러면 또 얼마나 화 나. 나는 그 싸움에도 안 끼고 보고 싶은 걸 볼 수 있어서 좋더라고요. 나는 주로 시사에 관련된 내용을 많이 봐요.

(진송) 입원이 필요한 수준은 아니더라도 건강함이 고갈되어 갈 때, 그러니까 '어느 정도' 아플 때 1인 가구가 들어갈 수 있는 시설이 있었으면 좋겠다는 이야기를 사람들이 하더라고요. 산후조리원처럼, 병원은 아니지만 회복과 안정을 위한 공간이요.

애순   그렇지. 나이와 무관하게 가벼운 환자가 단기간 쉴 수 있는 시설이 있으면 좋을 거예요. 사실 내가 있던 요양병원은 노인들이 많아 내가 있던 병실에서 내가 가장 어렸지요. 나이에 관계없이 간단한 치료만 좀 받고 건강을 회복할 수 있는 곳이 필요해요. 혼자니까.

진송   함께 모여 있는 공간이 커뮤니티의 역할도 하잖아요. 저희 할머니 같은 경우에는 대화를 하려고 병원에 가시는 경향도 있더라고요. 할머니가 외로움을 타셔서, 딱히 병이 들지 않아도 종종 다인실에 입원을 하세요. 할머니는 거기서 사람들하고 이야기도 하고, 누가 하루 종일 왔다 갔다 하고, 같이 TV도 보고, 간식 나눠 먹고, 이런 게 좋으신 거예요. 부모님도 그걸 아니까 그냥 원하시는 만큼 계시라고 지켜보는데… 신체적인 건강뿐만 아니라 심리적인 면에서도 이런 공간이 필요해요.

애순   간단히 안정을 취하고, 일시적으로나마 사람들과 함께 있을 공간이 우리 비혼들한테는 진짜 필요해요. 몸이 아프면 간단한 집안일도 중노동이잖아요. 밥 먹고 치우고, 어휴. 그런 데는 국가 보조 받아서 시설을 짓고, 저렴하게 이용할 수 있도록 해야해요. 특히 비혼인 경우에는 경제적으로 어려운 경우가 더 많고, 혜택받는 것도 없으니까.

진송   사실 건강하고 젊을 때는 아무것도 안 무서워요. 평생

이렇게 살 수 있을 것 같고.

애순 그럼, 나도 그랬어요. 나 하나만 건사 잘하면 된다고 생각했는데 살다 보니 내가 제일 무섭더라니까?

진송 퇴원하시고 그럼 어떻게 지내셨어요? 다리가 완전히 낫지는 않으셨잖아요.

애순 나는 일단 집 안에서 생활하는 데는 큰 불편이 없어서 지낼 만해요. 지금은 인터넷으로 주문하면 다 오니까, 반찬이나 간편식을 활용하고 있지. 아프면 잘 먹어야 되잖아요. 다만 나이 들어서 살 곳은 엘리베이터가 있는 집으로 고르라고 미리 말하고 싶네요. 아니면 1층이나. 건강할 때는 아무렇지도 않았는데, 아프고 나니까 한 층 한 층 오르는 것도 보통 일이 아니더라고.

진송 인터넷 장보기를 활용하실 수 있어서 다행이에요. 요즘에는 인터넷 배송이 아기 엄마나 환자들, 편의시설이 멀리 떨어져 있는 지역주민들처럼 직접 장을 보기 어려운 사람들에게 필수잖아요.《다시 보는 일본, 일본인》이라는 책에서는 유통기관이나 교통망의 약화로 일상적 장보기가 어려운 이들을 "장보기 약자"라고 칭하더라고요. 일본에서는 고령화가 진행되면서 편의점이 사라지고 대중교통이 감소하니까 이런 문제가 심화되고 있다고 해요. 우리나라도 서울 및 수도권 지역이 아니면 이런 어려움에 부딪히기 쉬운데, 인터넷으로 물품 구매하는 걸 할 줄 모르면 정말 곤란하겠다는 생각이 들어요.

애순　혼자 사니까 어떻게든 배우는 거죠. 남들은 자식이나 손자가 해주거나 가르쳐주기도 하지만, 나는 스스로 하는 수밖에 없어요. 이메일 쓰는 걸 처음 배울 때도 많이 헤맸는데 이제는 좀 할 만해요.

전송　저는 걱정인 게 우리나라가 엄청 빨리 변하잖아요. 외국은 아직도 ATM 기계에 돈을 직접 넣어야 하는데 우리나라는 벌써 종이통장이 별로 필요치 않잖아요. 이 편리함의 속도는 따라오지 못하는 누군가를 소외시키니까 가능한 게 아닐까 하는 불안을 느껴요. 저희 부모님만 해도 인터넷 주문을 할 때 한 번만 에러가 나거나 팝업이 뜨면 저나 동생들 없이는 대처를 못 하시거든요. 인터넷 배송이나 택시 어플 같은 서비스를 가장 필요로 하는 사람들이 오히려 이용하기 어려워지는 게 아닐까? 지금이야 내가 새로운 서비스를 바로바로 이용할 수 있지만 나중에는 지금의 부모님들처럼 '쉽다고 하는 것' 앞에서도 막막해하지 않을까? 나는 그때 도와달라고 할 자식들도 없을 텐데, 변하는 세상에 발맞춰 따라갈 수 있을까? 일본의 장보기 약자 사례를 보면서 이것이 결국은 우리의 미래, 비혼 1인 가구가 당면한 문제라는 생각을 해요.

애순 기술이 발달할수록 활용할 수 없는 사람들에게는 그림의 떡이죠. 그래서 요즘에는 노인들한테 스마트폰이나 컴퓨터 가르쳐주는 데도 생기고 있는데 그런 지원이 좀 더 다양하고 많아졌으면 해.

이웃 간의 연결고리

✦

많이도 필요 없지만 두세 명 정도는 사귀어놓아야 서로 챙겨주면서 안전망 역할을 해요.

진송 선생님은 가족을 사랑하시고, 가족 중심으로 이야기를 많이 하시잖아요. 한편으로는 한마음회 같이 비혼끼리의 모임을 만들기도 하셨고요. 요즘에는 탈가정 인구도 많고, 가족에 대한 의무감보다는 독립적인 개인으로 살기를 원하는 사람들이 늘어나는 추세예요. 서로 다른 공동체들을 다 경험해보셨는데 각각 어떤 장단점이 있을까요?

애순 세상을 살아가려면 가족은 가족대로 잘 챙겨야 해요. 먼 친척까지는 갈 것 없고, 친형제와 사촌 형제, 조카들 정도는 관계를 돈독하게 유지하는 게 좋아요.

진송 생각보다 범위가 넓네요. 저는 직계가족이나 형제자매면 충분하지 않나 생각했는데.

애순 촌수가 멀지 않은 친인척까지는 유대관계를 잘 맺고 있어야 해요. 혼자 살면서는 이웃을 잘 사귀어서 그런 관계가 먼 친척보다 낫더라고요. 내가 지난번에 갑자기 뒤로 넘어져 가지고 뒤통수가 주먹 만하게 부어오른 적이 있어요. 한밤중이라 병원도 못 갔거든요.

진송 아, 욕실에서요?

애순 네, 집 화장실에서. 세수하고 나오다가 미끄러졌는데 바로 아래층에 사는 아줌마가 자기 침대에 눕혀놓고 밤새 냉찜질로 돌봐줬어요. 어찌나 위안이 되던지… 그러니까 이웃은 잘 둬야 해요. 많이도 필요 없지만 두세 명 정도는 사귀어놓아야 서로 챙겨주면서 안전망 같은 역할을 해요. 노인이 혼자 사는 집 앞에 우유나 신문이 쌓이는 걸 보고 이웃들이 신고하고 그러잖아요. 이웃 간에 서로 안면도 익혀놓고 그래야지 그런 관심이라도 생기지.

진송 아직까지 저는 이웃이 힘이 될 수 있다는 게 실감이 안 나요. 오히려 여자가 혼자 산다는 것을 알리고 싶지 않아서 혼자 사는 친구들은 다 필사적으로 자기의 흔적을 감추려고 하거든요. 엘리베이터에 같이 타면 일부러 다른 층에서 내리고.

애순 세상이 흉흉해서… 좋은 이웃을 만나는 것도 운이자

복이긴 해요. 잘못 사귀면 또 동네방네 결혼을 안 했니 못 했니 떠들 수도 있고.

진송 아예 친한 친구들끼리 모여서 서로의 이웃이 되는 게 낫지 않을까요?

애순 그럴 수 있다면 참 이상적이고 행복한 일이죠. 나도 늘 바랐던 거고. 그런데 그게 현실적으로 쉽지 않아요.

진송 하긴 원하는 곳에 원하는 형태로 살 수 없는 환경이니까요. 집값도 너무 비싸고… 학생일 때는 그래도 학교 근처에 모여 살았는데 시간이 흐를수록 많은 변수가 생기더라고요.

애순 나이 먹을수록 더 멀리 뿔뿔이 흩어져요. 어디 가서 외식 좀 하고 싶어도 만날 수 있어야 가지. 그래서 마음 맞는 이웃이 진짜 필요해요. 큰 걸 바라진 않아요. 가까운 데에 두세 명이라도, 외식하고 싶을 때 같이 갈 수 있을 정도면 충분해요. 저녁 먹고 슬리퍼 끌고 나와서 차 한잔하면서 노닥거릴 수 있는 친구, 얼마나 좋아요. 생활에 큰 활력이 되는데 그런 사람이 쉽게 생기지는 않더라고요.

진송 동네 친구 정말 좋죠. 선생님도 간절히 원하시는데 이제 현실적인 어려움이 있었다는 말씀이네요.

애순   내가 오죽하면 친구한테 나 사는 데로 이사 오라고 했겠어. 그러다 보면 서로 자기 사는 데로 오라고 하고 있어요. 자기 삶의 터전을 떠나기가 힘든 거야, 둘 다.

진송   친구가 가장 좋지만, 그게 힘들다면 좀 더 느슨한 관계로 이웃과 적당한 친분을 유지하자. 잘 알겠습니다. 저는 간단한 반찬 만드는 걸 좋아하는데 어떨 때는 너무 많이 만들어버려서 곤란할 때가 있어요. 그럴 때 나눠 먹을 수 있는 사람이나 이웃이 있으면 좋겠다 생각하죠. 수박을 먹고 싶을 때나…. 예전에 원룸촌에 사는 사람들끼리 배달음식을 함께 시켜서 나눠 가지고 헤어진다는 기사를 읽은 적 있어요. 스마트폰을 통해서 익명으로 연락을 주고받은 뒤 음식만 나누는 단편적이고 일시적인 관계지만 서로 안전하다는 판단이 서면 그걸 계기로 이웃이 될 수 있을지도 모르겠네요. 말할수록 비혼 타운이나 주거 공간이 필요하다는 생각이 들어요.

텔레비전에 비혼 나왔으면

✦

홈드라마인데 주인공이 비혼주의자인 것도 색다른 시도일 것 같아요.
비혼의 이미지 개선에도 도움이 될 것 같고요.

(전송)　　결혼이 기본값인 세상이다 보니, 드라마나 영화에서 일
정 연령 이상의 여성들은 '엄마'나 '아내' '할머니'로만 나와요. 세
상이 비혼 여성의 삶을 보여주지 않고 지우는 것처럼요. 그런데
선생님이 중학생 때 본 영화의 변호사 캐릭터가 선생님 삶의 방
향성을 제시했듯, 미디어의 영향력은 굉장히 막강해요. 그래서
질문드리는 건데, 미디어에서 보고 싶은 비혼 캐릭터가 있으신지,
선생님이 이야기나 드라마를 쓸 수 있다면 어떤 이야기를 하고
싶으신지 궁금합니다.

(애순)　　비혼을 사회에서 달갑지 않게 보잖아요. 거기에 굴하지
않고 당당하게 사는 모습을 보고 싶어요. 비혼을 선택하는 여성
들에게 '저렇게 살아야지'라는 생각이 들게 만들 수 있는 매력적
인 캐릭터요. 비혼들끼리 함께 잘 사는 모습도 보고 싶고요. 이런

모습이 많이 미디어에 노출됐으면 좋겠어요. 특히 결혼해서 함께 사는 사람들보다도 더 재미있고 즐겁게 사는 모습이요.

(진송) 커리어우먼, 결혼하지 않고 혼자 사는 캐릭터들이 미디어에 나오긴 하는데 정해진 패턴이 있잖아요. 결국 결혼하는 결말로 끝나거나, 어떤 콤플렉스나 상처 때문에 결혼을 못했다는 설정이죠. 선생님을 주제로 한 드라마나 영화를 만든다면 어떤 부분이 강조됐으면 좋겠다 이런 게 있으실까요? '굳세어라 김애순' 같은 콘셉트도 전 재밌을 거 같은데(웃음).

(애순) 어디 방송국에서 내 생활을 다큐멘터리로 찍고 싶다고 했는데, 난 사실 특별한 게 없는 사람이거든요. 비혼으로 살면서 내가 남들이 못하는 일을 하고 명망이 높다면 나가겠다고 했죠. 근데 그게 아니거든요. 지금 나는 한마디로 '소스'가 없어. 그냥 보통 사람들과 같은 생활을 하고 있고, 다른 점이라면 조금 더 자유롭게 사는 것? 봉사를 좀 하는데 그것도 별로 특별하진 않죠. 그래서 안 나가겠다고 했어요.

(진송) '특별하다'라는 뜻이 사람마다 좀 다른가 봐요. 저한테는 선생님이 굉장히 특별해 보이는데.

(애순) 그런가? 얼마 전에는 〈경향신문〉에 '돌봄노동에 갇힌 싱글의 삶'이라는 타이틀을 단 기획 인터뷰 요청도 왔어요. 그것

도 다른 비혼자를 소개시켜줬지요. 다른 형제자매가 있어도 비혼들에게 돌봄노동을 미루는 것에 대해서 나보다 더 잘 말할 수 있는 사람들이 있으니까요. 그거에 대한 생각을 요즘 자주 해요. 부모들이 결혼하지 않은 자식은 여전히 자기 밑에 있다고 생각하고, 특히 아들보다는 딸과 살기를 원하다 보니 이런 문제로 고민하는 비혼자들이 많더라고요.

진송 돌봄노동을 비혼자들이 떠맡는 현실이나 이에 대한 문제의식을 미디어에서 보고 싶으시다는 거군요.

애순 이런 세태를 드라마에서 잘 보여줬음 좋겠어요. 한편으로는 비혼들이 돌봄노동을 하는 것에 대해 부모에게 좋은 일 한다, 효자 노릇 한다, 이런 해석도 드라마에서 나왔으면 좋겠고.

진송 본인이 원해서 할 수 있으면 좋고 행복한 일이죠. 그런데 결혼을 안 했기 때문에 누군가에게 일방적으로 떠넘겨지고 강요되면 그때부터 문제예요.

애순 내가 다큐멘터리에 안 나가겠다고 한 게 특별한 게 없기 때문인데, 그런 돌봄노동을 하는 비혼의 삶은 미디어에서 다룰 필요가 있다고 봐요. 돌봄노동을 독박으로 하는 것에 대한 비판도 좋고, 부모님과 평생 관계를 가깝게 유지하며 잘 지내는 비혼의 행복한 모습을 보여줘도 재미있을 것 같네. 그런 걸 본 적이 없으니까요.

(진송) 비혼자들이 1차 가족들과도 행복하게 잘 사는 모습 말이죠? 저녁에 하는 일일드라마 느낌으로요. 그 드라마들이 그 시간대 고정 시청층이 두터워서 시청률도 잘 나오잖아요. 비혼 이미지 개선에도 도움이 될 것 같네요. 홈드라마인데 주인공이 비혼주의자인 것도 색다른 시도일 것 같고요.

(애순) 공감을 사고 보편적인 호소력이 있는 건 중요하니까요. 비혼에 대한 사회적인 편견을 바꾸려면 그런 방법도 있다고 봐요. 다양하고 긍정적인 모습을 많이 보여주되 전통적인 모습이어도 좋고 독립적인 형태여도 좋겠죠. '결혼도 못 한 것' 이런 느낌 말고요. 비혼은 이기적이고 냉정하다거나, 고립되었다는 이미지가 강하잖아요. 비혼자도 가족을 사랑하고, 비혼이라는 선택을 존중하는 가족과 사이 좋게 잘 사는 모습을 보여주는 게 필요해요. 그러면 가족 중에 누군가 비혼을 선택했을 때도 괜한 걱정이나 사회적 편견 때문에 비난하지 않을걸요.

(진송) 비혼주의자 혹은 결혼하지 않은 여성은 늘 집안의 천덕꾸러기나, 가족과 갈등하는 캐릭터로 등장하는데 선생님이 말씀하시는 방향도 괜찮겠네요. 저는 아예 결혼이라는 개념 자체가 없는 세계관을 만들어보고 싶어요. 판타지도 아니고, 그냥 모든 설정은 지금 현실이랑 똑같은데 결혼이라는 발상도 단어도 제도

도 없는 세상이요.

애순 판타지네.

진송 그럼 좀 더 판타지적인 질문을 하겠습니다. 지금과 같은 환경에서 다시 비혼의 삶을 사신다면 해보고 싶은 일이나, 갖고 싶은 직업이 있으신가요? 예를 들면 예전에 선생님이 경찰이 되고 싶었는데 당시에는 여자를 경찰로 잘 뽑지 않았잖아요.

애순 군인은 해보고 싶더라고요. 사관학교를 간다든가 해서, 직업군인이 되는 거죠. 경찰도 그렇지만 국가를 위해서 일하고 싶은 마음이 있거든요.

진송 역시 관운이 있으시군요(웃음).

애순 관운이 있으니까 공무원도 하고 국회 비서관도 한 게 아닐까 싶어.

진송 군인을 하고 싶으신 특별한 이유가 있을까요? 생활이 마음에 드시는 거예요, 아니면 나라를 지킨다는 의미가 마음에 드시는 거예요?

애순 해병대 훈련이 힘들다 그러잖아요. 군인생활이 얼마나 힘들어요. 훈련을 하고 내무생활은 통제돼 있고요. 그동안 자유를 누렸으니 그런 생활도 한번 해보고 싶은 거죠.

(진송) 자신을 벌주는 거예요?(웃음)

(애순) 한번 확 매여 있는 거, 그런 생활을 경험해보고 싶어요. 누가 감히 나한테 억압을 가한 적도 없고 내 자유를 마음껏 누렸잖아요.

(진송) 수녀원생활이 있었잖아요.

(애순) 그렇네요. 그 생각을 못 했네(웃음). 자유가 없을 생각을 하니 역시 군인도 안 하는 게 좋겠어.

1차 가족으로부터 독립하기

✦

'결혼하지 않으면' 부모와 함께 산다고 생각하는 걸 보면 비혼이더라도
1차 가족에게서 독립이 필요하다는 인식은 아직 많이 부족한 것 같아요.

진송 비혼에게 떠맡겨지는 돌봄노동에 대해 더 이야기해볼
까요? 얼마 전에 〈경향신문〉에서 비혼인 자녀가 부모의 부양이
나 병 간호 등을 떠맡는 일에 대해서 기사를 낸 적이 있어요. 많
은 비혼 여성들에게 공감을 얻었죠. 우리 사회에서는 아직 결혼
을 하지 않으면 '독립했다'고 보지 않잖아요. 저는 그 이유 중 하
나가 주거 문제라고 생각해요. 개인의 경제적 능력만으로는 독립
해서 살기 어렵고, 부모 입장에서는 결혼을 해야만 주거를 구하
는데 도움을 준다는 경우도 많거든요. 일단 주거가 분리되어야
감정적으로도 독립이 될 텐데 그게 어려우니 개인보다는 소속된
'딸'로 취급받는 거예요.

애순 나는 아무래도 부모 입장에서 이야기를 많이 들으니까
그 입장에서 이야기해볼게요. 비혼자들이 부모와 사는 건 부모

에게 큰 부담을 주는 일이에요. 부모들이 죽겠다고 앓는 소리를 해요. 다 큰 자식들 밥 차려주고 뒷바라지하는 것도 힘들다고요.

전송 일정한 통과의례가 끝나면 바로 집을 나올 수 있으면 좋은데, 요즘에는 외국도 취업난이라 부모와 동거하는 기간이 늘어나는 추세죠.

애순 일본은 35세 이상 중년층에서 부모와 동거하는 인구가 300만 명에 달한다고 하잖아요.(2010년 일본 총무성 발표)

전송 요즘에는 결혼을 하고도 부부가 부모와 동거하는 경우가 늘어나니까요. 주거 문제 때문에 주거 형태도 과거로 역행하고 있는 거죠.

애순 부모집 근처에 집을 구해서 육아와 가사에서 부모의 노동력에 의존하기도 하고요. 스크럼족(결혼 이후에도 경제적인 이유로 부모와 함께 사는 성인을 가리킴)이라고 하잖아요. 내 친구들도 자식들이 손주들 데리고 오면 심란해 죽겠다는 거예요. 빨리 갔으면 좋겠다고요. 다 큰 자식을 데리고 있으면 그렇게 부담스럽나 봐요.

전송 그런가 하면, 요즘에는 자식이 하나나 둘밖에 없다 보니 부모가 자식을 안 놔주려고 하는 경우도 많아요. 최대한 오래 데리고 살려는 경향이 있어요. 소수지만 "결혼을 하지 않았으면 좋겠다" "그냥 우리랑 계속 살자"라고 권유하는 경우도 있어요. 한 방송인도 텔레비전에서 그런 말을 했거든요. "자기 딸이 결혼 하지 말고 그냥 자기 돈이나 쓰면서 살았으면 좋겠다." '결혼하 지 않으면' 부모와 함께 살 수 있다고 생각하는 걸 보면, 비혼이 더라도 1차 가족에게서 독립이 필요하다는 인식은 아직 없는 것 같아요.

함께 살 존재를 선택하는 일

✦

강아지를 키운 적이 있다. 언니가 데려왔던 말티즈 '아콩이'는 올해로 아홉 살이고, 귀엽고 웃긴 녀석이다. 언니와 내가 키우다가 두 사람 다 출퇴근 때문에 집을 비우는 시간이 길어지면서 아콩이를 지방의 부모님 댁에 보냈다. 아콩이는 미안하게도 우리의 사정에 따라 서울의 집과 창원의 집을 왔다 갔다 해야 했다.

다시 아콩이와 함께 살 수 있을까? 일하는 시간이 불규칙적인 나에게는 불가능한 꿈이다. 아콩이를 귀여워하고 사랑하는 마음과 별개로, 인간만을 위해 설계된 공간에 오로지 나만을 기다리는 강아지를 장시간 혼자 둘 수는 없기 때문이다.

결혼하지 않기를 선택한 사람들이 반드시 1인 가구는 아니다. 다른 사람, 혹은 다른 존재와 함께 살 수도 있다. 그런데 반려동물을 기르며 사는 삶은 종종 결혼 이전의 미성숙하거나 열등한 것으로 취급된다. 결혼하면서 배우자와 합의에 이르지 못해 반려동물을 파양하거나, 동물과 자신 사이에서 선택하라는 연인 때문에 헤어졌다는 사연은 꽤 흔하다. 동물보다 인간을 우선시하고, 재생산 가능한 '정상가정'의 보존이 최우선인 사회에서 여성이 에너지와 자원을 동물에 쏟으면 쉽게 비난의 대상이 된다. 배우 선우선은 2016년, MBC의 〈나 혼자 산다〉에 출연해 고양이 10여 마리를 기르며 혼자 사는 모습을 보여주었는데, 선우선의 어머니는 결혼하지 않고 고양이를 애지중지하는 딸을 구박했다.

1인 가구가, 비혼이 동물과 함께 살기를 선택하는 것은 열등한 삶의 방식이 아니다. 자신이 책임질 수 있는 한도에서 최선을 다해 함께 살기로 결정한 존재를 돌보는 일은 '극성'이나 '유난'이나 '철 없는 행동'이 아니다. 그의 노동이나 시간, 자원은 그 사람의 것이고, 미래의 결혼이나 미지의 배우자에게 양보하라는 오지랖은 도를 넘은 주접이니 조용히 합시다.

결혼하지 않고 사랑하는 동물과 함께 사는 것은 끌리는 일이지만, 고민이 많다. 내 경험으로는 동물을 키우기란 혼자서는 힘에 부치는 일이다. 일신에 작은 변수라도 생기면 나에게 생존을 의탁하는 동물은 쉽게 피해를 입는다. 여럿을 키울 수 없다면, 혼자 두기도 여의치 않다. 우리 사회는 아직도 인간 이외의 존재와 함께 살아갈 준비가 미비하다. 그러나 한 사람이 결혼하지 않고 다른 존재와 살기로 선택하는 것은 이미 현실이 되어 눈앞에 펼쳐지고 있다. 원하는 존재와 원하는 방식으로 살 수 있도록, 동물 건강보험의 활성화, 동물등록제 보완 등이 필요하다.

반려동물등록제가 체계화되지 못해 반려동물의 정확한 규모가 파악되지 못하는 것이 가장 큰 문제다. 마이크로칩 삽입에 대한 거부감도 극복되기 어려운 문제이며 대안도 신통치 않다. 반려동물을 키우는 사람들은 등록을 꺼리게 되고 보험사는 가입 규모를 파악할 수 없어 수익성을 예측할 수 없게 되며 결국 보험제도가 허술해진다. 반려동물의 수가 제대로 파악되지 않아 반려동물에 대한 기본적인 통계조차 불분명한 상태에서 동물건강보험이 활성화될 리 없다.

　반려동물과 동거하는 인구가 천 만으로 추정되는 시대, 등록되지 않은 존재들인 비혼과 반려동물. 둘에 대한 홀대가 별 다르지 않음이 체감돼 씁쓸할 뿐이다.

비혼에 대한 편견, '해봐서 아는' 김애순이 깨드립니다

✦

혼자 살면 나이 들어서 외롭다?

◈

진송   충고랍시고 비혼들이 귀에 딱지가 앉게 듣는 말 중 하나죠.

애순   젊어서는 외롭지 않나? 너무 쉽게 외로움이라는 말을 아무 데나 갖다 붙이는 것 같아요. 외로움에는 정신적인 것과 육체적인 것이 있잖아요. 나는 정신적 외로움은 사랑하는 사람과 교감할 수 없을 때 생긴다고 생각해요. 믿는 사람에게 배신을 당하거나, 배우자나 자녀들에게 외면당할 때처럼 관계로 인한 상실감에 빠졌을 때죠. 하지만 나 같은 사람들은 남한테 그런 기대 자체를 아예 안 하니까 오히려 정신적 외로움을 별로 못 느끼지. 육체적인 외로움은 아픈데 혼자니까 밥 한 끼 제대로 챙겨 먹지 못할 때 찾아오고.

(진송) 저는 육체적인 외로움이라는 말을 들었을 때 성적인 요소들을 생각했는데, 아니군요. 혹시 사랑받고 싶다는 생각은 안 해보셨어요?

(애순) 그런 생각은 안 해봤어요. 내가 주관이 너무 강해서 그런가?(웃음) 누구한테 의지하는 걸 싫어해요. 뭐든지 독립적으로 해결하면서 살아왔거든요. 내가 누군가를 사랑할 때 그 사람한테 받는 사랑이나 귀하지… 그런데 애초에 누구를 그렇게 사랑해본 적도 없으니까요.

(진송) 나를 예쁘다 해주고 멋있다 해주는 사람을 만나는 게 자존감이나 정서적 안정에 도움이 되긴 하잖아요.

(애순) 그런 감정은 나이가 좀 어릴 때 많이 느끼는 것 같아요. 사랑은 받는 게 아니라 주는 거라고 생각하면서 살아와서 그런가? 또 서로 사랑한다고 외로움을 안 느끼나요 어디. 제일 외롭게 하는 게 애인이나 배우자라던데요.

(진송) 외로움은 연애를 하거나 결혼을 하는 것 같은 형식만으로 해결되는 문제가 아니라는 거죠? 저도 동의해요. 일단 태어난 이상 1인분의 고독은 숙명이고 완전히 해소할 수 없다고 생각하

거든요. 그런데 외로움을 떼어내려고 무리하면 관계에서 타인을 도구로 쓰게 되거나 자기 자신을 잃게 되는 것 같아요.

애순 외로움은 무서워하는 사람한테나 나쁘게 느껴지지. 나는 상관없어요.

여자는 결혼하고 애를 낳아봐야
엄마 마음을 알고 진정한 어른이 된다?

✧

전송 엄마들이 제일 많이 하는 말이 "너 같은 딸 낳아봐야 정신차리지"거든요.

애순 어렸을 때 부모 속 무던히도 썩였나 보다. 나는 어머니께 한 번도 그런 말 안 들었는데!

전송 에이, 시대를 불문한 고전 잔소리죠.

애순 애를 낳는 게 인간이 받는 육체적 고통으로는 가장 강도가 세다잖아요. 옛날에는 산모들이 아이 낳으러 들어갈 때 벗어놓은 신발을 보고 '이 신발을 다시 신을 수 있을까' 걱정하며 비장하게 들어갔거든요. 그 어려운 것을 네가 직접 겪어라, 그럼 나의 마음을 이해할 것 아니냐 그 얘기인데… 그게 어른이 되기 위한 통과의례라고는 할 수 없지.

전송 한편으론 그렇게 위험한 일을, 어른이 되기 위해 여성에게 강요하는 게 너무 이상해요. 남자들은 자기 몸으로 아이를 낳지 않는데, 그럼 평생 어른이 될 수 없는 거잖아요. 여자들만 아이를 낳는데, 여자들만 어른이게요? 그렇게까지 출산과 어른을 연관 짓는다면 저는 그냥 출산의 고통을 모르고 진정한 어른이 되지 않는 걸로 할래요. 굳이 진정한 어른이 되지 않아도 상관없습니다. 선생님도 수양딸과의 관계에서 모성을 느끼셨잖아요. 이제는 사회적 모성에 대해 논의해봐야 할 때라고 생각해요. 독박 육아에 맞서 사회적 육아가 절실하게 필요한 시기이기도 하고요.

애순 내가 애들을 유난히 좋아하거든. 직접 낳고 기르는 데는 자신이 없어 못했지만 나라의 기둥이 될 2세들에 대한 관심은 나 자신도 놀랄 정도로 대단해요. 직장을 그만두고 나서도 초등학교 저학년 어린이들 방과 후 지도를 했고요. 현재도 어린이 박물관의 3세 이하 아기방에서 자원봉사를 하는데 몸이 피곤해도 즐거운 마음으로 보람을 느끼기 때문에 행복감을 맛보지요. 아이들 좋아한다고 해서 꼭 내가 낳아야만 진정한 사랑을 줄 수 있는 것은 아니거든.

전송 저도 아이를 좋아하는데, 그렇다는 말을 잘 못하겠더라고요. 그러면 사람들이 꼭 "그럼 왜 결혼 안 하느냐" 잔소리하거든요. 결혼해서 자기 애 낳으라고.

애순 허이구, 나도 맨날 들은 소리네. 고구마 좋아한다고 고

구마 농사 지어야 되나?

전송 아기 안 좋아하는 사람한테는 또, 결혼해서 자기 애 낳으면 다르다고 비빈다니까요.

애순 어떻게든 결혼을 하라고 하는 거네. 그걸 요즘에는 뭐라고 그러더라.

전송 '답정너'요? 답은 정해져 있고 너는 말하기만 하면 돼. 정해진 결론만 요구하거나 받아들이는 태도를 말해요.

애순 맞아요. 우리 사회는 결혼에 대해서는 진짜 '답정너'야. 결혼도 안 하고 애도 안 낳아봤다고 나를 어린애 취급하는 경우가 있는데, 그럴 땐 이렇게 받아치죠. "어른이 돼서 얼마나 행복하고 얼마나 즐겁냐들?"

결혼을 안 하는 것은 이기적이다?

✧

전송 저출생 문제가 심각해지면서 결혼을 하지 않는 건 이기적이라고 말을 하기도 해요. 그 비난의 화살을 비혼자들에게 돌리죠.

애순 비혼들이 이기적이라는 것도 맞긴 맞아요.

전송 아니… 반전인데요. 우리 책의 의의가!(웃음)

애순 나도 일단 나 편하려고 비혼자로 살면서 애를 낳지 않는 거잖아요. 자유롭고 편하고 싶어서.

전송 이기적이라는 평가 자체의 의미를 다르게 보신 거군요.

애순 뭐를 이기적이라고 평가하느냐의 문제니까요. 사람은 누구나 자기 사정이 우선이기 마련인데 자기 편의로 비혼을 선택하면 어떻냐 이거예요. 그게 누구한테 피해를 주나? 결혼한 사람도 이기적인 사람 엄청 많잖아요. 물질적인 면에서나 정서적인 면에서나. 자식에 대한 욕심 때문에 자식의 의견을 묵살하기도 하고. 나는 그런 욕심은 다 버리고 사니까. 그런 사람들보단 덜 이기적인 거지.

전송 결혼 안 하는 걸 이기적이라고 하는 사람한테는 "결혼하고 아이를 낳는 게 희생이라는 걸 아니까, 이기적이라고 하는 거 아니에요?"라고 받아치면 되겠네요. 결혼과 육아가 좋은 거면 결혼 안 하는 사람한테 '이기적이다'라고 하면 안 되죠.

애순 결혼을 할지 말지는 남 위해서 결정하지 마요. 선택은 늘 자기 행복하려고 하는 거여야지.

전송 "어쩔래? 이기적인데" '스웩' 넘치게 이겨내야겠네요.

안 한다고 하는 사람이 제일 먼저 한다?

✧

전송 선생님은 결혼 안 한다는 말을 하지 않고 비혼으로 사셔서 이런 말을 들을 기회가 별로 없으셨을 텐데요. 저는 어렸을 때부터 어른들이 많이 놀렸거든요. 그러다 니가 제일 먼저 간다고.

애순 말만 앞세우는 사람은 실천력이 적더라, 이런 맥락에서 결혼 안 하겠다는 사람이 제일 먼저 한다는 말이 있는 거 아닐까요. 나는 속으로 결심을 하고 혼자 실천했는데.

전송 저런 말을 들을 때는 그냥 선생님의 존재 자체가 증명이 되니까 저는 선생님의 인터뷰나 사진을 떡하니 보여주겠습니다. 유튜브에 있는 영상도 좋고!

애순 영상 그게 인기가 좋았다 그러더라고.
전송 아주 폭발적이었죠.
애순 안 한다고 하는 사람이 제일 먼저 한다고? 날 봐, 그 말 딱 틀렸네.

남자한테 인기가 없어서 결혼을 못 했을 것이다?

❖

진송   비혼자들에게 인기가 없어서 결혼을 못 했을 거라고 사람들이 말들을 정말 많이 해요. "못 했으면서 안 한 척 한다." 이런 식이죠. 지긋지긋해요.

애순   나는 그런 소리를 오히려 못 들어봤어요. 못난 데 하나 없는데 왜 결혼을 못 하냐는 소리는 많이 들었죠. 남자들이 눈이 삐었다고 주위에서 그랬어요. 속으론 어땠는지 몰라도 인기가 없어서 못 했을 거라고는 말하지 않더라고요. 인기 없어서 결혼 못 했을 거라는 말은 그 사람 없는 자리에서나 얘기하겠죠. 면전에 대고 그러는 사람이랑은 상종을 하지 마요.

진송   최근의 이런 이야기는 연애를 능력과 연관 짓는 건 자기계발 논리와도 연관이 있어서 선생님에게는 조금 낯설 수도 있겠네요. 2000년대 초반부터 자기가 열심히 자기 관리하고 노력하면 연애할 수 있다는 연애 문화가 팽배했어요. 연애가 개인의 능력 여부를 판가름하는 성적표가 되면서 대놓고 조롱하거나 놀리기도 하거든요. 얼마 전에 미국의 '훅업', 우리나라로 치면 헌팅 문화에 대해 분석한 걸 봤더니 요즘 미국 10대들이 제일 무서워하는 건 이성에 대해서 '절박해 보이는' 거래요. 인기가 없어서 상대의 유혹을 애절하게 기다리는 사람으로 보일까 봐. 이런 현상들이 10대, 20대에게는 연애에서 나타나고 결혼 적령기로 넘어가면 결혼으로 옮겨 가는 거죠. '니가 매력이 없으니까, 니가 자기 관리를 못하니까 결혼을 못 한다' 같은 편견에 부딪히는 거예요.

애순 "짚신도 짝이 있다"는 말이 있잖아요. 아무리 못난 사람도 짝이 있다는 거죠. 인기가 없는 게 아니라 자기가 짝을 못 찾고 안 찾아서 그렇죠. 인연이 안돼서 그런 거예요.

진송 선생님 로맨티시스트시네요. 저는 그렇게 생각해요. '인간은 짚신이 아니다.' '짚신은 처음부터 짝으로 나오지만 인간은 혼자 태어난다.'

애순 결혼하기 싫은 사람은 얼마든지 짝을 안 찾을 수 있는 거죠. 그리고 내가 굳이 뭣하러 짝을 찾아다녀요. 그거 아니어도 할 일이 얼마나 많은데. 자기가 결혼을 안 하겠다고 결심해도 상대방이 계속 쫓아다니면 거기에 넘어가는 경우도 보긴 했어요. 아무튼 '인기가 없어서 결혼을 못 했을 것이다'라는 말 자체가 얼마나 예의 없는 언어예요. 그런 말을 한 번이라도 해본 사람들, 찔리죠?

에필로그

✦

이진송의 이야기

이런 책을 내놓으면 어쩔 수 없이 대표성을 띠게 된다. 그것이 소수자의 숙명이지만 나는 무엇도, 누구도 대표할 수 없다. 아니 대표하고 싶지 않다. 비혼 여성인 '나'의 하루에 대해서 써보자는 출판사의 제의에 반나절 정도 식음을 전폐했다. 학창 시절 일기를 억지로 쓰느라 아무것도 없는 하루를 쥐어짜본 사람들은 나의 마음을 이해할 것이다. 그래서 좀 다른 걸 써봤다. 그냥 '이렇게 사는 사람도 있구나'라며 〈동물농장〉을 보는 기분으로, 아니 〈동물농장〉에는 귀엽고 사랑스러운 동물들이 많이 나오니까 감히 동물농장이라고 할 수는 없겠지만 어쨌든, 한쪽 턱을 괴고 심드렁한 표정으로 읽어주시라.

나는 1988년, 경상도 장남의 차녀로 태어났다. 인구 정책과 남아선호사상의 합작으로 태아 성별 감별 후 낙태(젠더 사이드)가 극심했을 때였다. 그중에서도 86년 호랑이띠/88년 용띠/90년

백마띠는 '드세다'라는 터무니없는 이유로 성별 감별 낙태의 타깃이 되어 그해의 성비는 유난히 엉망이다. 그렇게 태어난 여성들이 결혼하고 아이를 낳을 나이가 되자 이제 저출생율이 사회문제로 떠오른다. 비혼 인구, 특히 여성들이 원인이자 원흉으로 지목되어 야무지게 두들겨 맞는다. 한때 엄마에게 임신의 자유를 빼앗고 낙태를 은밀히 권유하던 국가는 이제 그 딸들을 낙태죄로 벌하고, 임신하지 않을 자유를 빼앗는다. 김애순 선생님은 1990년대에 독신주의자 클럽을 만들 때 애국자 대접을 받았지만, 2018년의 비혼 여성들은 대역 죄인이다. '네 죄를 네가 알렸다!' 그러나 있지도 않은 죄가, 꾸짖는다고 생길 리 없다.

우리 사회가 이성애와 결혼-출산-육아를 '정상성'과 결합하고 그 이외를 배제하고 차별하는 힘은 무척 억세다. 거대한 바위가 따로 없다. 그래서 결혼도 안 하고 애도 안 낳는 천인공노할 이기주의자는 바위에 달려드는 계란으로 살고 있다. 다행히 계란은 혼자가 아니어서, 지칠 때는 좀 쉬었다가 서로 어깨도 주물러주고 바톤 터치도 하며 산다. 재미있는 기획이나 좋은 글도 이런 계란 중 하나다. 비혼이나 여성 관련 콘텐츠를 어디서 봐야 할지 막막한 분들이라면 여성주의 미디어 〈핀치〉를 추천한다. 윤이나 작가의 〈비혼하기 좋은 날〉이라는 시리즈가 연재되어 즐겁게 읽었다. 여성 단체에서는 꾸준히 비혼 관련 포럼이나 강연을 여는데, 발표 자료를 홈페이지에 올리거나 요약한 내용을 SNS에 업로드해서 좋은 참고가 된다. 예를 들면 여성민우회에서 개최한 토론회 〈비혼/딸 부모돌봄, 두려움과 막막함 사이: 돌봄연대사회를 상상하다〉 같은 주제는 나도 최근에야 인식하고 고민하는 문제인데 생각을 정리하는 기회가 되었다.

내가 던지는 계란 중 하나는 얼마 전 13호가 나온 독립잡지 〈계간홀로〉다. 〈계간홀로〉는 1년에 두 번 나오는데, 기획하고 만들고 판매하고 책방에 입고하는 모든 작업들을 나 혼자 한다. 주로 필진들이 기고한 글로 꾸려지지만 내가 쓰기도 한다. 5년간 그 어떤 연인에게보다 여기에 시간과 에너지, 열정을 쏟았고 '피 땀 눈물'을 흘렸다. 엘리자베스 1세는 국가와 결혼했다던데 이 정도면 나도 〈계간홀로〉랑 결혼했다고 해도 될 것 같다. 13호에는 비혼 관련 기고글이 많아서 아예 꼭지를 하나 만들었으니 관심 있는 분들은 읽어보기를 권한다.

나는 무엇이든 평생 쓰면서 살기로 마음먹었기 때문에 미래의 계획과 일상은 그것을 중심으로 배치하고 운영한다. 직업은 꼭 글을 쓰는 것이 아니어도 된다. 전업 작가는 불가능에 가까운 직업이라, 나의 생계를 유지하고 글을 쓸 에너지만 확보할 수 있다면 무슨 일이든 상관없다. 직업과 꿈은 다르고, 무엇으로 먹고사는가는 내가 누구인지 규정하지 못한다. 말하자면 내 삶의 뼈는 쓰는 일이고, 그 외의 것들을 나는 조금씩 쳐내거나 포기하며 산다. 결혼하고 아이를 낳고 키우면서 글을 잘 쓰는 사람들도 많지만, 나는 그렇게 할 수 없는 사람이다. 그러니 어떤 변수가 생겨도 결혼하거나 아이를 낳지 말자고 결정하는 식이다.

1인분의 삶을 꾸려가는 것도 만만한 일이 아니다. 급할 때는 대충 때우더라도 정기적으로 나에게 질 좋은 것들로 잘 차린 식사를 대접하는 일을 소홀히 할 수 없다. 먼지와 빨래는 저절로 쌓이고 머리카락은 월세도 안 내면서 매일 광란의 파티를 벌이니 내 뒤치다꺼리만으로도 하루가 훌쩍 간다. 강아지를 키울 때는 좀 더 부지런했는데, 개가 없으니 집이 더 개판이 되는 미스터리… 내가 어지르는 건 좋지만 남이 어지르면 분노하니까 역시 혼자 사는 게 적성에 맞다. 친구는 별로 없지만 서로 아끼는 친구들끼리 살뜰하게 챙긴다. 식성과 취향이 비슷한 친구들과 떨어지지 않으려고 11년째 같은 동네를 뱅글뱅글 돌면서 살고 있다. 온전히 내 것인 시간을 낭비하거나 내 취향으로 채우는 순간은 고갈된 에너지를 천천히 충전하는 과정이다.

만끽할 체력과 자본이 있을 때 자유는 축복이다. 그런 맥락이라면 비혼은 '나'와 가장 친한 '나'가 함께 걷는 충만하고 자유로운 나날이다. 그러나 모든 인간의 모든 일상에 체력과 자본이 보장되지 않는다. 어느 날 생계를 잃을 수도 있고, 사람들로부터 고립될 수도 있으며, 누군가의 돌봄노동을 떠안거나 거꾸로 내가 돌봄노동이 필요한 존재가 되는 날이 올 수도 있다. 1차 가족이나 대안 가족이라고 믿었던 이들과 분리되고, 결혼이라는 제도로 묶인 가족의 견고함을 부러워할지도 모른다.

하지만 거미줄처럼 온 사방에 퍼져 있는데다 질기기까지 한 불안에 발목을 잡혀 끌려갈 생각은 없다. 나의 보호자는 나이기 때문에, 나에게는 사회의 시선이나 타인에 대한 부채감에 신경 쓰기보다 나의 선택을 우선하며 스스로를 존중할 의무가 있다. 나는 함께 계란을 던지는 이들과 복작복작 부대끼는 일에 눈을 돌리기로 했다. 비혼 관련 담론에 꾸준히 응원의 깃발을 흔들고, 비혼을 위한 새로운 정책과 제도를 요구하고, 결혼 제도의 편협한 기준에 문제를 제기하며 살 것이다. 가족을 이루고 운 좋게 좋은 배우자를 만나는 것이 생존의 필수조건이 아니기를 바란다. 누구나 가족의 형태와 무관하게 차별받거나 배제당하지 않고 온전하게 서 있을 수 있는 인프라가 구축되길 원한다.

김애순 선생님을 만나고, 그런 삶의 가능성이 문틈 사이 빛처럼 비쳐들었다. 문이 열리네요, 애순샘 들어오죠… 비혼은 언제 어디에나 있지만 오랫동안 지워져왔다. 보이지 않으면 없는 것처럼 여겨지고 없는 것처럼 보이면 불가능하다고 착각하기 쉽다. 선생님은 빼어난 개인이었고, 조자룡처럼 모든 악조건을 뚫고 달려온 분이었다. 이야기를 듣는 동안 나는 자주 박수쳤고 종종 애틋해했다. 선생님의 존재를 반기는 동시에 이렇게 기록되지 않고 사라졌을 삶을 상상했다. 비참한 비혼이라는 프레임을 들이미는 세상에 버티다가 말려들기도 했을 누군가의 매일매일, 누군가의 과거이지만 여전히 현재이자 미래이기도 한 그 모습을 그려보았다.

불안의 불씨가 지펴질 때면 지금보다 훨씬 더 선택지가 협소했던 시대에도 원하는 대로 살고자 했던 선생님과 익명들을 떠올린다. '처녀'였다가 '노처녀'였다가 '미혼' '독신' '이기주의자'로 불렸던 그들을. 어지럽게 찍힌 발자국들을 보며 나도 누군가의 참고자료가 될 나의 현재와 미래를 이리저리 헤집어놓으러 간다. 누구든 함께 걸어도 좋고, 따로 걸어도 좋다. 딱히 비장하

거나 특별할 필요도 없이 자신의 속도와 방향을 유지하며 계속

가면 될 뿐.

후기

✦

김애순의 말

반평생 불러왔던 싱글, 비혼의 노래를 2015년에 지은 《싱글들의
파라다이스》로 끝내려 했더니 이 책으로 인하여 비혼의 대모,
롤모델로 발이 묶인 것 같다. 이제는 백마탄 노신사가 나타나 나
의 모든 소원을 들어준다고 유혹해도 내 의지대로 움직일 수 없
는 처지가 된 게 아닐까.

처음 알마 출판사에서 책을 내보자고 했을 때는 단호히 거절
했었는데 이진송 작가가 인터뷰를 기반으로 책을 내자며 워낙
적극적이라 수락하게 되었다. 나 혼자서 글을 쓰는 것보다는 훨
씬 복잡한 작업임을 예상하여 서로가 원하는 만큼의 결과물이
나오지 않을 것 같아 몇 번이나 마음에 불안함이 일곤 했다. '이
제 겨우 30대에 막 다리를 걸친 손녀뻘 되는 사람과 공동으로 책
을 만들어간다는 것은 지난한 일일 텐데 어떻게 하나!' 하고 고민
이 많았다. 같은 비혼으로 살아가고 있지만 생각의 차이가 클까

걱정이 되기도 한 것이 사실이다. 그런데 이진송 작가는 나보다 까마득하게 어린 나이임에도 철저히 인터뷰를 준비했고, 비혼의 삶이 담긴 세태를 묘사하고 분석하는 데 끈기를 가지고 노력을 아끼지 않았다. 그 열정에 내가 움츠러드는 경험을 하기도 했다. 이 책을 완성한 공은 상당 부분 이진송 작가에게 있다.

내가 젊었을 때, '결혼하지 않는 것'은 그 개념이 모호하여 막연히 지향만 하는 정도였는데 이제는 비혼이라는 말이 만들어지고 구체적인 방법론까지 논의되는 것 같다. 이와 비례하여 최근 몇 년간 결혼에 대한 관심이 크게 떨어져서 한 집 걸러 비혼 자녀들을 둔 부모들이 살고 그들의 한숨 소리가 온 사방에 퍼지고 있다. 인구절벽의 원인 제공자가 된 것 같아 국가와 사회에 큰 빚을 진 기분이다. 이 책에서 결혼에 대해 강력하게 부정하거나 비혼의 장점을 애써 주입시키려 하지는 않았다. 다만 나의 비혼생활을 한 번도 후회하지 않았다는 것을 밝히려 애썼다. 비혼으로도 행복할 수 있다고, 비혼들과 비혼이 아닌 사람들 모두에게 말해주고 싶었다.

당초 계획한 것보다 출간이 훨씬 늦어졌음에도 완벽하지 못하여 부끄러움만이 마음속에 가득하다. 책이 세상에 나온 뒤에 쏟아질 독자들의 평판을 겸허히 받아들일 준비만이 내게 남았다.

하고 싶으면 하는 거지… 비혼

1판 1쇄 펴냄 2019년 1월 8일
1판 2쇄 펴냄 2020년 6월 12일

지은이 김애순 이진송
펴낸이 안지미

펴낸곳 알마 출판사
출판등록 2006년 6월 22일 제2013-000266호
주소 03990 서울시 마포구 연남로 1길 8, 4~5층
전화 02.324.3800 판매 02.324.7863 편집
전송 02.324.1144

전자우편 alma@almabook.com
페이스북 /almabooks
트위터 @alma_books
인스타그램 @alma_books

ISBN 979-11-5992-239-8 03300

이 책의 내용을 이용하려면 반드시 저작권자와 알마 출판사의 동의를 받아야 합니다.

이 도서의 국립중앙도서관 출판예정도서목록CIP은 서지정보유통지원시스템
홈페이지http://seoji.nl.go.kr와 국가자료공동목록시스템http://www.nl.go.kr/kolisnet에서
이용하실 수 있습니다. CIP제어번호: 2018041606

알마는 아이쿱생협과 더불어 협동조합의 가치를 실천하는 출판사입니다.

종이 표지_캐빈보드 281g/㎡ 본문_그린라이트 80g/㎡